美國萬稅

——冷眼看美國現象和中國崛起

本書作者畢生的旅外閱歷與多年的外交生涯，對當前國際情勢瞭解
之透徹，對美國目前政經與軍事發展之癥結，均有體察入微的創見，
尤其能預見美中兩國今後之走勢與動向，提出中肯客觀的看法。

熊國俊．編著

作者夫婦在洛杉磯與聯合報系王董事長惕吾合影。

1965 年作者任駐越軍事顧問團團員時與團長鄧定遠將軍合影。

作者夫婦 1977 與駐南非關大使鏞及夫人（左二及右三）
駐馬拉威趙大使金鏞及夫人（左三及右二）在斐京官舍合影。

作者在洛杉磯與前外交部同事歡聚。左二為前駐馬拉威大使陳錫
燦，右二為前駐菲律賓大使館二等秘書李鈞玉，右為軍官外語學校
同學陳碧煥。

2001 年政工幹校新聞系主任謝然之先生九秩大壽時，第一期旅美同學於南加州橙縣為老師祝壽，中坐者為謝老師及師母，右第一人為作者。

八仙過海——政工幹校第一期新聞組旅美同學八人，2005 年 Katrina 颶風期間從德州休士頓搭遊輪團聚。右起前排：夏秉誠、胡瑞珍、華文第、吳宗珍，後排作者、鄧錦明、隋光華、胡瑞珍夫婿裴有恭、李明儀。

作者全家合照，左為女兒熊安寧夫婦一家，右為兒子熊安迪夫婦一家。

1963 年春季作者（前排又三）在北卡州布拉格堡接受心戰訓練時，與盟國軍官參觀北卡州海濱美國之音發射站。

（序一）

「新聞人」的浪漫

郭俊良

熊老，一派溫和敦厚，筆下力道卻直透紙背，然而涵蓋的題材
又是軟硬皆具。

這是典型「新聞人」的特性。寫起稿來，可敘事，可評論，可
說理，也可抒情。

我和熊老，從 1990 到 1995，一起在世界日報洛杉磯社編輯部，
為新聞並肩作戰了 6 年。許多熬夜到天亮的日子，往往可以看到熊
老埋首疾書的背影；多少條引人注目的新聞，就這樣從他筆尖流瀉
而出。

也許就因為新聞無所不包、涵蓋廣泛，硬性題材、軟性題材，
都接觸得到，熊老寫作的範圍，果然從政治經濟到社會生活，再到
人生文學，許多看似不相干的火花，都在他筆下跳躍。

而且，熊老的文字是有「力道」的。熊老在《世界日報》擔任
編譯，譯筆流暢，自不在話下；難得的是，熊老並不是「純翻譯」。
往往一個主題，有多篇來源，不能只抓一篇囫圇直譯，必須融會貫
通，甚至旁徵博引，才能說清楚、講明白，讓讀者看得懂。熊老又
「譯」又「編」，的確造福不少讀者，顯然也藉此練就了他力透紙
背的筆力。

　　因為，熊老不只是翻譯新聞名家的文稿，同時也浸淫其中，型塑了自己的見解與論點。難怪他能寫出評論文章，在觀察美國現象時，也能有獨特的角度，顯見功力。

　　更難得的是，熊老依然保有文人的情意。

　　這話的意思，指的並不只是熊老的軟性文稿，可以讓人一窺他的浪漫胸懷。而是熊老在寫稿之後，更進一步，結集文字出書，這是文人的一大浪漫！

　　熊老，顯然退而不休，為自己的文字因緣，打造了一個浪漫的呈現！

　　所以，儘管「美國萬稅」，但熊老依然可以在「咖啡人生」中，細細品嘗自己一輩子的香醇。熊老，你是令人羨慕的！

（序二）

奇文共欣賞疑義相與析

吳東權

在這日出杜鵑紅似火，春來芳草碧連天的季節裡，倚窗拜讀熊國俊學長的大著《美國萬稅》初稿，欽佩之餘，腦中湧上陶潛〈移居詩〉中的末兩句：「奇文共欣賞，疑義相與析。」久久未能平靜。

這本書，共分為三個單元，第一單元是「評論報導」、其次是「美國生涯」、最後是「藝文翻譯」。每一單元由十餘篇擲地有聲之短文組成，前後輝映，聲氣相求，構成一本看似散論，實為結構嚴謹、洞察入微、宏觀世局的鴻文論述。

本書作者能有如此遒勁的筆力，深邃的研析，豐盛的資料，廣泛的探討，不得不歸功於畢生的旅外閱歷與多年的外交生涯，這些條件，乃全靠作者的努力奮發、刻苦體會而來，並非常人所能輕易獲得。

筆者有幸，忝與國俊兄在大學共系同班，當時就知道他對英文很有興趣，而且也下了苦功，新聞系畢業後不久，考入國防部軍官外語學校接受一年嚴格的英語訓練，後獲得外交行政和新聞行政高考及格，轉調至外交部任職，外放至我國駐南非約翰尼斯堡總領事館任副領事、領事，隨後覺得外交生涯國內外頻繁互調，頗不安定，乃應聘進入洛杉磯世界日報擔任編輯，編譯副主任等職，做到退休後全家定居美國。

　　國俊兄除了讀書工作之外，對體育運動，興趣極為濃厚，在校就學時，即是籃球的愛好者，當年適逢美國哈林籃球隊首次訪台，在三軍球場表演賽，使國俊兄為之瘋狂，舉手投足，模仿球星架勢，甚為傳神，因而被班上同學冠以「小哈林」為其綽號，迄今雖然已逾半世紀，同班同學仍以「小哈林」呼之，幾乎忘記其本名。這位「小哈林」後來在美工作期間，因年事漸高，遂放棄籃球，改以網球與橋牌為鍛鍊身心之娛樂，縱然已經是耆宿之年，依然健康活躍如昔。

　　從這集《美國萬稅》中看來，可知作者對當前國際情勢瞭解之透徹，對美國目前政經與軍事發展之癥結，均有體察入微的創見，尤其能預見美中兩國今後之走勢與動向，提出中肯客觀的看法，形出勢成，始末相承，全書情與氣偕，辭共體並，如果沒有宏觀的視野與超群的才情，相信一般人是無法寫出如此氣勢磅礡的宏論來。

　　國人每有「中華民國萬稅」之譏，今讀《美國萬稅》，感慨良多，諺云「人在福中不知福。」信有已也。讀畢本書，應知珍惜當下、充滿自信、權衡損益、斟酌輕重，庶可安閑度日，泰然處世矣。

中華民國九十九年仲春吳東權寫於台北市

前言

　　1949 年是一個烽火的年代，是一個狂飆的年代，也是一個失落的年代。我正是在這個巨變的洪流中跟著蔣緯國將軍所辦的裝甲兵子弟中學（後改為宜寧中學）播遷到台灣台中，絃歌未斷，繼續完成中學學業。

　　中學畢業後一方面是基於報國熱忱，一方面是由於現實的困難，考進了剛創辦的政工幹部學校新聞組，那時候真可以說是一文不名，高中同班十九個同學情況也差不多，所以都進了公費的軍事院校或師範學院，後來也多各有所成。其中有將軍，有教授，校長。當時新聞組收九十人，錄取學生中有二百多人選的是新聞，後來還經過英文和國文復試，才決定錄取學生，這也是當年新聞組招生的一個插曲。

　　畢業後分發到陸軍部隊任職，由於系主任謝然之教課時強調外語對新聞工作的重要，所以在軍中也孜孜不倦勤習英文，兩年後國防部軍官外語學校英語班第六期招生報考錄取，和其他五十名陸海空軍官接受一年密集和嚴格的英語教育。

　　那時中華民國和美國關係密切，美國有軍事顧問團協助國軍，急須翻譯人員（叫連絡官或編譯官）擔任溝通橋樑，所以成立軍官外語學校，招收現職軍官或向社會招考的編譯班。第六期以前不招收政工軍官，因為主管的國防部情報次長室認為美軍沒有政工制度，所以不需要連絡官，但後來發現美軍也有心戰部門，新聞部門和民事軍政府，因此從第六期起接受政工軍官報考。

　　畢業後分發到裝甲兵司令部連絡組擔任連絡官，突然之間覺得富有起來，因為當時中、少尉月薪不過一百多元，連絡官加給就有六百元。三年多後輪調至馬祖防衛部連絡組，並轉調至總政治部外事連絡室，擔任編譯官。時光飛逝，我 1961 年底考取美軍設在北卡羅林納州布拉格堡的心戰班受訓，四個月後回台調到軍聞社擔任記者，隨後又奉調至中華民國駐越軍事顧問團任團員，獲得時任團長的鄧定遠將軍的信賴。

　　駐越顧問團工作對象是越南政府，因此有懂雙方語言的越南和中華民國軍官擔任傳譯工作，但當時美軍也有軍事顧問團駐越，團長是魏斯摩蘭將軍（William Westmoreland），我便擔任兩個顧問團之間的文件翻譯工作，和偶而雙方將領之間的傳譯。那時的阮文紹將軍還是一個軍區司令，有時也造訪鄧將軍。

　　從越南回台後，我加緊準備，通過外交官考試和新聞行政高考進入外交部任職，開始我十餘年的外交生涯，同時考入淡江文理學院英語系就讀 1971 年畢業。

　　1972 年春奉調至約翰尼斯堡任職副領事，後升領事。到任第一年的雙十國慶日，當時的總領事李惟岷先生便派我至坡埠（Port Elizabeth）華僑主辦的國慶酒會做主賓發表演講，這使我感到有點惶恐，但也只有多作準備沉著應戰。我在演講中曾引用雪萊的詩句「冬天如果來了，春天還會遠嗎」（If Winter comes, can Spring be far behind）來描述中華民國的處境，獲得來賓的共鳴。

　　二次大戰時美國名將布萊德雷（Omar Bradley）曾說過，軍人是寂寞的職業，（The profession of arms is a lonely profession），我認為外交工作也是寂寞的。表面上看來風光體面，餐會酒會不停，實際上都是表面應付，而各為其本國利益打算，一旦離職了，關係也就不在了。尤以外交工作調動頻繁，常是國外數年，國內數年，生

活不得安定，小孩教育受到影響，因此我於 1981 年接受《世界日報》之聘，至洛杉磯社工作，一做就是二十年。

這一本集子大多數是我在《世界日報》工作後期，以及退休後仍然撰寫的稿子。雖然有一些作品有時效性，但美國社會現象基本上並沒有改變，甚至有深化的情況。以美國多稅的問題來說，從聯邦到地方由於收入減少，開支日增，無不處心積慮要增加稅收，來減少政府赤字。因此有的稅率提高了，例如聯邦稅率，銷售稅率和汽油香菸稅等。原來不徵稅的也要加徵了，如網路銷售稅，高收入的聯邦醫療稅等。再說隱私權，由於電腦等高科技日新月異，應用廣泛，隱私權更容易受到侵犯。像房地產資料以前要到政府管理部門才能查到，現在在 Zillow、Realtor 等幾個網址上，只要打上地址，就可看到面積，設置，以前交易價格，現在估價甚至照片，無不羅列詳盡，任你參考。因此我希望這本書可作為從另外一個角度來了解美國的途徑。另外還有一些我心有所感而寫的散文和翻譯的短篇小說，也希望增加你的讀興。

本書出版承蒙《世界日報》洛杉磯社社長郭俊良先生和作家吳東權學長作序，吾妻吳述信電腦處理和表姊蔣貞玲的協助，特此致以誠摯的謝意。（April，2010）

目次

評論報導

一、美國經濟大解析

依照知識經濟時代的新統計方法，美國經常帳逆差，投資金額並非唱衰派說的那樣糟糕

談到美國經濟，不管是平面媒體或電子媒體，以至專業雜誌，人們得到的印象似乎以負面的居多，譬如投資數額偏低，經常帳赤字巨大，國際貿易大幅入超，美國人儲蓄率太低等。那些專家說，如果我們不削減消費，改變浪費無度的生活，美國將面臨一個危險的經濟前景。但是實際情況又是如何呢？美國《商業周刊》有一篇報導說，這些「唱衰派」如果不是完全錯誤，至少是沒有把握到全面的景象，因為美國的投資額比官方公布的數字要多一兆元左右，而儲蓄率並不是負數而是正數。至於國際貿易赤字，也遠比報導的數額為小，國內生產力成長也比最新的統計為高。這篇報導說：「一般人都知道，美國正在向知識經濟的道路上前進，由理念和創新來引導。我們所不知道的是，政府數十年來收集資訊的老方法可以統計設備，建築和軟體的投資數額，但對國民生產總額（GDP）中提供創新，改變遊戲規則的成長部分，大部分都未列入計算。馬利蘭大學經濟學家赫頓（Charles R. Hulten）說，」當我們逐漸變成一個以知識為基礎的經濟時，我們的統計方式還沒有改變來跟上腳步。」

「設在華府的『經濟分析局』（Bureau of Economics , BOE）專家們可以提出報表，顯示公司投資在設備上的金額，但他們無法得

3

知公司每年花在創新，產品設計，建立品牌，員工訓練和其他從事環球競爭所需的數百、上千億元投資。這表示用來創造世界知名品牌如抗癌症的 Avastin，吸入式胰島素，星元咖啡，甚至音樂機 ipod 等都沒有列入官方統計之中。

統計方法落後

「現在，曾經目睹『達康』榮景和泡沫的新一代經濟學家，正在致力於提出隱性經濟（Shadow Economy）理論，作為制定政策官員、研究人員和投資人的參考，像聯儲會的嘉露‧柯拉多（Carol Corrado）和丹尼爾‧西席爾（Daniel Sichel），加上前所提及的赫頓，他們認為工商業對於前瞻性的投資遠比一般人知道的為多。在某種程度上，這些人是前聯準會主席格林斯潘的信徒。格老稍早前就了解，傳統的數字無法表現正在成長的知識經濟。而新任聯準會主席柏南基也了解這個問題的重要性。他在去年一次演講中說，無形投資『似乎已經有了量上的重要性，』其結果，『是美國儲蓄和投資總額可能比官方統計數字高出很多。』

「格林斯潘會首先告訴你，統計一個國家一年可以生產多少器具，要比量化知識的成長和銷售要容易多了。畢竟我們要談的是無形的財產如廠牌資產，才能的開發和最佳方法的輸出。這些都是難以用數字來衡量的，但是如果不加重視，便無法了解經濟的真相，而不了解真相，便增加制定錯誤政策的機會。包括這些無形的投資，可以了解經濟更真實的情況，而可以早期獲得經濟萎縮，創新能力下滑和其 他一些壞消息的早期警告。

「要了解為什麼政府要用這種方法來衡量經濟，便得再回到 1930 年代經濟大蕭條時期。大蕭條給美國帶來愁雲慘霧，政府計

畫人員和政治家沒有方法來回答當時最急迫的問題：經濟會變好或
是變壞？為了找出答案，商業部找到了當時『國家經濟研究局』的
經濟學家西蒙‧庫茲納茲（Simon Kuznets）來統計國家的收入和
生產—美國經濟的購買力和生產力。有了這個標準，美國政府便可
以知道經濟是在成長或是萎縮。

　　「庫茲納茲領導幾名經濟學家便用手寫的資料來進行實體的
統計工作，如作為長期投資的機器和建築等。這在當時是無可厚非
的，因為那時還是工業時代，而到了第二次世界大戰就更形重要，
因為羅斯福政府要知道國家生產坦克，戰艦和飛機的能力。

　　「庫茲納茲的工作就為上個世紀的經濟統計定了調，並且還為
他在 1971 年贏得諾貝爾獎。機器和建築可作為未來性的投資，但
教育，訓練和研究發展的花費則不是。而當時也沒有致力評估這些
花費的社會用途。舉例來說，柏西‧賽格爾在拉斯維加斯興建的紅
鶴大飯店 1946 年落成，被列為投資項目‧美國電報電話公司（AT
&T）投資的貝爾實驗室差不多在同一時期發明了電晶體，但其產
能甚至沒有列入國民生產總額之中。庫茲納茲承認他的辦法有其局
限，但戰後大部分時間一直沿用他的制度。

知識經濟成長可觀

　　「1995 年，史提文‧蘭德費爾（Steven Landefeld）成為『經
濟分析局』主任，他覺得有需要將知識經濟的資料列入統計。但改
變並非說做就做那樣簡單，一直到 1999 年經濟分析局決定揮別過
去，建立新的統計生產總額的方法。該局將企業界在軟體上的花費
列為長時期投資。其實這是早就該做的事。工商界每年花費在軟體
上的錢超過一千五百億元，遠多於花費在電腦硬體上的一千億元。

而軟體使用的時間往往長過硬體的時間。經濟學家到了店中看到彩色包裝的各式各樣軟體盒子便更加確信不疑。」

根據《商業周刊》的統計，報告研發經費的美國十家最大的公司，包括艾克桑美孚，通用電器，寶鹼（Procter & Gamble），微軟和英特爾，自從 2000 年以來已經將研發經費提高 42%，或差不多 110 億元，而同一時間他們資本額花費只增加少量的 2%，或者少於 10 億元。所以總計來說，這些大公司實際上花在前瞻性投資金額約為 120 億元，其中大部分都未列入「經濟分析局」的統計之中。

「當我們再往前回顧時，便可以看到轉向無形投資更為顯著的作用。例如寶鹼公司從 1996 年以來研發經費已增加 39%，但並未列入國民生產總額之中，而該公司的資本預算現在和當時相差不多，但卻列入國民生產總額之中。生產調味料的麥考米克公司也是一樣。和 1996 年相比，該公司資本投資基本上沒有變化，但開發新產品的研發經費已增加了三倍。

「想了解這種差異的效果嗎？你把 ipod 拿出來，看看背後的文字，印的是『加州蘋果公司設計，中國裝配。』在那裡製造對這種產品的知名度沒有什麼關係，而是其精心的設計，技術的創新和精明的推銷，使得蘋果電腦公司銷售了四千萬枝以上的 ipod。然而，經濟分析局的人並沒有將蘋果電腦 2005 年花在研發和品牌開發的八億元列入統計。他們反而將每支 ipod 計算了兩次，那就是從中國進口時和出售時各一次。這事實上將世界上最知著的發明公之一的蘋果公司降格為出售進口貨的代理商。

「或者這種隱性經濟最不可靠和最有爭議的部分是它如何影響我們在國際貿易上的統計。國民生產總額中沒有列入的無形投資如商業知識，品牌資產，在國際貿易上同樣也沒有列入統計。還有大部分被忽略的是受過教育的職工大量移民美國。這是美國經濟

免費獲得的大量人力資源，可以實質上平衡美國產品和服務的貿易赤字。

「現在我們再來提出另一個知識輸出的例證。去年十二月，英特爾公司宣布計畫在以色列興建一家晶片工廠。對統計人員來說，這項外國投資的價值只是工廠的帳面價值，那就是建立廠房和設置製造晶片機器的費用而已。

「沒有列入計算的是使得這個工廠得以有效運作並獲得利潤的技術知識系統性輸出。譬如說原工廠的生產程序，甚至機具如何保養，這些重要的資料文件都從美國的工廠帶到新工廠，但貿易統計上並沒有列入這些數字。還有，英特爾精心費力的訓練計畫也沒有列入統計。為了使新工廠迅速有效運作，工廠送了八百到九百名職工到奧勒岡州的希爾波羅至少受六個月的訓練，學習新的生產程序。這使得他們回去之後，可以在三個月內全面帶動工廠生產運作，而不是一年時間。在經濟學上來說，這是典型的人力資本的轉移，為什麼不能說是一種出口呢？

「再說移民，每年進入美國的職工大都接受了基本教育和訓練，美國則是免費獲得這些人力資本。一個顯著的例證是設計 ipod 和 imac 電腦的約拿坦‧艾維（Jonathan Ive）。他出生於英國，在諾桑布瑞亞（Northumbria）的新堡工藝大學（Newcastle Polytechnic University）受教，1992 年加入加州的蘋果電腦公司。

「艾維並非特例。每年進入美國的職工大多數至少有高中畢業，大約有三分之一有大學或更高的學歷。以十二年中小學教育花費約為十萬元，大學四年又要十萬元來計算，移民每年為美國經濟帶來的免費人力資源至少值五百億元。以這些移民終其一生的生產力來計算，每年產值接近二千億元。不管以較高或較低的數字來計算，這都將使經常帳逆差大為減少。

7

「這些數字雖然看來並不完全可靠，不過如果聯準會主席柏南基，公司主管和一般投資人要想了解我們現在的真實情況，要向那個方向前進，把握知識性的創造和流向可能是根本的途徑。」（Feb. 2006）

二、姓社還是姓資

美國經濟面臨的難題

亞當·史密斯（Adam Smith）的自由經濟思想，後來經由芝加哥學派的承繼發揚，一直是美英政府經濟政策的最高指導原則，也引領著後蘇聯時代的世界經濟思潮。但這次金融風暴狂掃美英和其他國家，造成融資短缺，信用危機，股市大跌等災難，迫使美國動用國家資金和力量收購銀行股份，補助金融機構融資，因而使得政府和私有領域的界限出現了根本的變化。《商業周刊（Business Week）》專文報導說，聯儲會達拉斯分會主席日前在華府向七大工業國和國際貨幣基金（IMF）財經首長會議致詞說，十五個月的信貸和金融危機，促使政府採取超越意識形態的動作來救助經濟，而顧不得自由市場和政府干預的分際。他甚至引用前中國國家主席鄧小平的一句名言說，不管白貓黑貓，能捉老鼠就是好貓。

鄧小平說這句話是 1980 年代後期，意思是中國需要放棄妨礙經濟繁榮的社會主義教條。在目前這個艱困的時代，這句話可說有異曲同工的含意。布希政府砸下 2500 億元收購銀行體系的淨值資金，並以各種方式提供保證給存款人及貨幣市場投資者，就已違反了美國奉為經典的理念—自由市場資本主義。

你或者認為，這些不過是非常時期的非常做法，一旦秩序恢復正常，這些務實的調整辦法便會取消。但一個共和黨政府竟然部分國有化銀行體系，其所顯示的意義不容忽視，更不要說其所帶來的

9

諷刺性了。這可能是二次大戰後美國經濟歷史上一個重要的轉折點，也就是重新思考政府和私營之間適當關係的開始。

新的經濟模式在形成

當美國正在奮力對抗可能發生的大蕭條，一個新的經濟模式可能正在形成，那就是避免對華爾街世界的直接干預，但是更大程度上參與其運作，這可能意味更加支持面臨更嚴酷世界競爭的工業如汽車，超微科技和再生能源科技等，而這也將帶來更嚴格的管制。現在如果預測美國將採取亞洲式的工業政策，或在大蕭條時期巨細無遺的干涉辦法，那也為時過早。美國政府購買了美國商業銀行（Bank of America）、花旗集團、JP 摩根或其他銀行的優先股，但是並沒有表決權。分析師也懷疑政府將指導貸款。但如果歐巴馬（Barrack Obama）當選總統，而聯邦參議院又受到民主黨控制，下一屆政府將有較大的權力來進行變革。

事實上，這次金融危機所造成的傷害之嚴重，已經使得被認為有超級優勢的美國經濟模式受到懷疑。譬如有一種觀念是，即使是製造業基礎萎縮，美國經濟還是可以高速成長。這種觀念的假定是，只需發明和生產力就可以維持美國生活水準所需的財富。信用爆增掩飾了一個困擾的趨勢，就是過去十年來美國強勁的生產力成長的同時，也是大多數美國人實際所得下降的時刻。

即使對金融運作的信心也證明並不正確。由於對衍生市場的管制鬆散，銀行可以將有毒的貸款加以包裝，出售給無數的投資人，包括退休基金和中國的銀行。一般家庭以及公司的借貸因此就大量增加。華府智庫國際金融研究所就估計，美國消費者的一兆三千億元的借貸，至少有三分之一是壞帳。這些貸款大多數是信用卡欠款。還有，公司的一兆七千億高利率貸款有多少問題還不清楚。

政府將加強管制

新的美國現實最初的現象便是對金融業的加強管制。PIMCO
副總裁默罕莫德・艾爾艾瑞安說，金融市場已經在基本面重新界
定，回復原狀已不可能。這是一家管理政府接收的商業債券財產的
公司。他認為美國政府，即使在歐巴馬當權後也不會在細節上干預
貸款決定。他認為常態的管制將為對資本儲備的比率更為提高，以
及對次級貸款和複雜的衍生性商品的管制。

這些金融系統的變化將帶來美國製造業思維的改變。而政府在
這個問題上也將扮演重要的角色。例如，國會通過給予通用、福特
和克萊斯勒汽車公司 250 億元的救助款一定會附有條件。華府提供
這些補助無疑將在基本面上獲得對汽車業的發言權。這些汽車製造
公司必須向能源部承諾投資電動車的研發，使得平均用油效率達到
每加侖 35 哩。歐巴馬支持另外提供 250 億元給予底特律，他也主
張以 1500 億元發展清潔能源技術。

我們暫時不談華府，而要看看其他幾州如紐約，奧勒岡，賓州
和德州的情況。這些州的州長，大學領導人和商業領袖過去十年來
已共同努力發展新的工業。州政府不僅是提供稅務優惠或是廉價的
土地。他們採取的是像新加坡，德國，中國和波蘭所實施的寬大的
工業補助政策。

能捉老鼠便是好貓

一個很好的例證是先進超微設計公司（Advance Micro Devices），
日前決定將其製造作業分裂出去。阿比達比政府在其中擁有 50%

股份的新公司將在紐約州的艾伯尼興建一個 45 億元的矽晶片廠。紐約州政府已經投資了 10 億元以上於超微科技研發工作，職工訓練和現代化的廠房，現在還要投入 12 億元作為稅務優惠和設備、建築的現金補助。先進超微設計公司是美國最後幾個仍然在生產晶片的公司之一，其執行長海克特·魯茲說，紐約州和阿比達比的財務補助可說異常重要。在美國，很少投資人願意投注如此巨大的資金在五年內看不到回收的高科技事業。魯茲說，在美國如此巨大的經濟體內，如果你不能製造出產品，特別是根據你的基本能力來生產，那是不可能獲得成功和興隆的，政府必須體認一定要扮演一個積極的角色。

稱這種發展為工業政策也好，或用一種婉轉的說法是「公私合作」。但當美國從信用泡沫的廢墟中站起來，冷靜面對重建一個強大的，持久的經濟時，新的信條將會是，不管白貓黑貓，能捉老鼠便是好貓。（Oct. 2008）

三、金元的悲歌

　　美元一向是堅強的貨幣，因而有金元的美稱，但是近年來美元價格直直下落，其地位已失去歷史的強勢，因此，《紐約客》雜誌2007 年十月在一篇〈美元的藍調〉分析中說，近日以來最諷刺的現象大概就是「固若金元」這句俗話已經過時了。

　　《紐約客》在這篇分析中說：「美元近五年來一直受到世界貨幣的迎面衝擊，最近更因為聯邦儲備會突然大幅度降低利率，而加速美元的衰落。譬如歐元，2002 年元月時，每歐元只能買到八角六分美元，現在則可買到一元四角；再如加拿大幣，一度是受到譏諷的對象，現在則可以和美元並駕齊驅。海明威 1922 年曾寫過一篇文章說，美國人在巴黎生活可以用一千元過一年。現在美國人在巴黎一千元能過一星期就算你運氣好。

　　「當然，一般人並不太擔心在餐館吃一頓晚餐的價格。但是最近美元的一波跌落，很多市場觀察者認為即使是對不出國門美國人也是壞得可以的消息。畢竟美國是依賴進口的國家──2006 年美國進口一兆八千萬元的商品，而衰弱的美元在理論上將使進口貨更加昂貴。但是，即使每天在新聞中看到這些消息，並沒有什麼證據顯示人們感到焦慮震撼。事實上，國會還有一些議員要對中國施壓，使人民幣升值，而這將使美元更加弱化。

　　「喜歡進口貨的美國人，對於美元衰落為何可以無動於衷？主要的原因是我們的生活水準很意外地沒有受到什麼影響。例如，美國的通貨膨脹一直受到穩定的控制。過去十二個月來，核心通膨大

約為百分之二,和過去幾年差不多。更令人意外的是,進口貨物的價格也沒有上漲多少。如果你出國旅遊,你會覺得像被敲的呆頭鵝,花錢如流水,但在國內,你很難覺得與十年前有多大的不同,除了油價漲了較多。

「部分原因是因為外匯價格變動遠較實際物價為快,這也是經濟學家稱之為『延滯』的理論。重新印刷菜單,或產品價格表,或者將貨架上商品重新標價,都是繁瑣的工作,也會使顧客誤解或者引起疏離。因此公司都傾向不要經常變動價格。他們也會利用期貨市場來保護現金的風險,降低漲價的必要。另外,中國也扮演重要的角色。雖然美元對歐元的價格大幅降落,但對人民幣的貶值要小得多。這是因為中國政府不斷購買美元來支撐其價格,並確保美國能繼續購買中國產品,而這正是中國經濟繁榮的基礎。

「但是更有趣的現象是,外國公司基本上選擇保護美國消費者,以免受到美元衰落的影響。他們盡可能排拒漲價,接受較低的利潤來維持其市場佔有率。美國市場太大,消費能力強,他們無法冒著失去客戶的風險來漲價。因此,即使美元比幾年前的價值已經降低很多,高檔電視機,啤酒和豪華轎車仍然照買不誤。這也不是全新的現象。1985 到 1987 年美元崩盤後聯邦儲備會所做的研究顯示,外國公司為了維持市場佔有率寧願減少利潤,而維持低價格。自此以後,這種趨勢並且越來越顯著。聯儲會最近的研究顯示,現今美元價格降低對美國物價的影響只及 1980 年代的一半。因此最近三年來,美國進口貨價格的上漲平均每年不超過百分之二也就不足為奇了。

「這種種情況造成的結果是,美國消費者好像是生活在一種保護罩中,適用其他地方的遊戲規則對他們沒有作用。這便形成一種奇怪的差異,例如,外國製的豪華轎車,在美國的售價往往比在其

本國還要便宜。再說微軟新的電玩哈囉三（Halo 3），如果你在
Amazon 網路上買要付六十元。但是如在德國的 Amazon 網路上買
得付九十三元，計稅之後，同樣產品德國消費者要多付二十六元。

　　「此一奇特的安排所帶來的利益非常顯著，就是美國人可以用
他們脆弱的美元購買比他們期望為多的商品。至於弊端，如果有的
話，便是美元衰落引起無關痛癢的影響，使得人們易於忽視衰落背
後的原因，正像我們無視於政府龐大的債務，和要為退休嬰兒潮準
備億萬元的社會安全金和醫療費用。我們知道這些問題很重要，但
是當外國製的電視機只要二十九元一個的時候，便很難有過多無謂
的擔心。但是如果沒有應對辦法，而美元繼續衰落，中國可能不再
支撐美元，外國公司也要漲價，安全網總有一天會被戳破。正像評
論美元跌價的專家們都指出，美國人如果決心學螞蟻的勤勞儲蓄，
未雨綢繆，現在還有足夠的時間。就怕是其他國家一直使要使美國
人覺得日子好過得很，反正今朝有酒今朝醉吧，那就有問題了。」
（Nov. 2007）

四、中國價格

——美國工商業的夢魘

　　一般消費者會發現，在百貨公司可以用二、三十美元買到一件像樣的襯衫，而十五，廿年前也是這種價格。其他衣物，鞋子和用品也都保持在多年前的售價，甚至更低。原因就是和中國貿易大幅度擴張，中國各種廉價產品大量輸入美國。這固然給消費者帶來利益，也有助抑制通貨膨脹，但美國工業界認為這是他們的夢魘，有可能為美國經濟帶來大問題。

　　《商業周刊（Business Week）》最近有一期報導說，俄亥俄州桑密維爾市（Summitville）有 92 年歷史的的桑密維爾磚瓦公司被迫關閉有四個足球場大的工場，申請破產保護，因為中國進口的高品質磚瓦增加了十倍，而這些產品的售價還低於他們的製造成本。高檔電路板製造商巴特勒製造公司老闆說，現在的銷售額是 90 年代後期的一半，職工人數減少三分之一。他拿著一個美國海軍潛艦偵察用的電路板說，軍方說可以用低於美國 40% 的價格在海外買到。

　　《商業周刊》說，中國價格現在已經是美國工業界最可怕的幾個字。一般來說，表示中國可以用美國百分之三十到五十的成本生產商品，有時甚至低於美國的原料價格。美國的衣物，鞋業，電器產品和塑膠產品數十年來一直受到進口產品的打擊，也是從 2000 年以來造成 270 萬人失去工作的主要因素。同時，美國對中國的貿易逆差 2004 年將超過破紀錄的 1500 億元。報導說：

　　「而現在，從來沒有想到會受到中國產品影響的製造商和職工，也要面對中國大陸的衝擊。這些公司是由於他們的生產需要先進的

技術，大量的投資和接近客戶，而覺得有持無恐。現在甚至高科技產業也感到威脅。中國出口的高級網路產品，雖然仍屬低質量，但已經威脅到美國產品的價格。有人說，中國將來可能成為主要汽車出口國。

科技產業也受威脅

「跨國公司紛紛將生產轉移到中國，有助於大陸的工業化進度；中等公司有辦法的也無不有樣學樣前進中國。沒有辦法的只好固守老巢，打一場可能敗北的仗。俄亥俄州立大學商學教授，《中國世紀》一書著者沈格（Oded Shenkar）聽到很多本地公司『抗戰』的故事。他直言無諱提出的忠告是，如果你還在生產任何勞力密集的產品，趕快脫身，以免死無葬身之地。

「美國以前曾經渡過進口衝擊的難關，像日本，南韓和墨西哥的產品。過去廿年也能和中國和平共存。但現在情況大不一樣。一直以來的假設是，美國和其他工業化國家可以在知識密集產業上保持領先，開發國家則繼續生產低技術性產品。這種說法現在大有爭議。哈佛大學經濟學家佛利曼（Richard Freeman）說，令人驚異的是，中國以一個巨大，貧窮的國家，可以最低的薪資，在高科技產業上從事競爭。這兩個因素加起來，美國便有了問題。

「問題有多大呢？這是目前爭論激烈的議題。一方面來說，和中國交往的利益非常鉅大。經過多年的努力之後，多國企業自通用汽車到寶鹼（Procter & Gamble），以至摩托羅拉，終於在大陸建立基礎，獲得厚利。這些公司製造手機，洗髮精，汽車和個人電腦，賣給約一億名新興的中產階級，其人數到 2010 年時可能加倍。摩托羅拉中國區董事長戴倫利說，他們在中國商業的成功，對他們在全球競爭的能力都非常重要。

17

「而美國公司自大陸進口零組件和硬體,也大幅改善他們的資本回收。美國的保險業,銀行和零售業不久也將獲得機會向大陸進軍。由於中國對原材料和貨品的需求不斷增加,也為美國鋼鐵業,礦業和木材公司帶來厚利。中國的廉價產品帶來了消費榮景,支助美國渡過衰退,並使得全球經濟保持成長。

「但是和中國交往的代價也相當可觀。最顯著的是美國的巨大貿易逆差,中國是最顯著的因素,並且繼續增長。貿易逆差加上預算赤字,使得美金幣值江河日下,也引起全球金融體系的可能受到破壞的憂慮。而人民幣拒絕升值,堅持釘住美元,使得問題更加嚴重。

「依照大多數評估,對中國的貿易逆差將繼續擴大而不會減少。這便引起了美國工業基礎會不會腐蝕到危險水準的疑慮。直到目前,受打擊最重的是那些反正得外移到到低成本的國家的工業。但是在美國俱有競爭力的高科技工業上,中國也急起直追,建立了汽車,特殊鋼鐵,石化和微積體電路的先進生產設備。這些工業主要是應付中國國內如飢如渴的需求,危險的是如果其國內成長停滯,這些產品便得在國際上尋找出路,使美國工業新獲得的平衡受到破壞。

中國不同日本南韓

「中國的競爭優勢不完全建立在不公平的貿易措施上。中國的出口百分之七十來自私營公司和主要由台灣人,香港人,日本人和美國人擁有的外資公司,他們有外國市場關係,有先進的技術和管理知識。除了廉價的土地和某些地區的稅務優惠外,中國政府不可能對龐大的出口事業提供財務支助。這也是中國和以前日本、南韓

不同的地方，因為中國是一個開放的市場，允許外國投資，並且也致力降低關稅。

「在中國大力擴展，成為最具競爭力的生產平台之時，美國公司已不再進行新的投資。中國最重大的資產是她廉價而充沛的人力資源，從每月 120 美元的生產工人到 2000 美元積體電路設計師。中國每年可訓練出 35 萬名工程師，年輕的工人和經理人員可以一天投入 12 小時，周末也可以放棄，還有電子工業和輕工業無可比擬的組件和材料基礎，以及不顧一切來滿足大零售商如華瑪市場，標的，上選（Best Buy）和 J.C.賓尼等公司的企業熱忱。

「當零組件工業和設計工作像裝配廠一樣轉移到中國時，美國工業的基礎便受到浸蝕。過去五年來，美國的塑膠模和機器工具業已大幅萎縮。例如密西根州生產塑膠注模機器鋼組件的英科公司（Incoe Corp.），經濟雖然好轉了，生意卻沒有回來，因為客戶都跑到大陸去了。美國印刷電路板銷售額 已自 2001 年的 110 億元降到現在的 50 億元。同一時間，中國進口的電路板成長加倍，預計今年可達 34 億元。

「電子產品移往中國是台灣的公司在 90 年代後期將工廠和供應商運過台灣海峽時開始的。直到四年以前，美國出口的電腦硬體還有 450 億元。自從高科技產業崩盤後，產業大批移向競爭力甚至強過台灣的大陸，銷售額因此已降到 280 億元。

「中國也需要美國的進口產品，不過不像北京同意加入世貿組織時評估的那麼多。過去兩年，美國對中國的出口分別增長了 25%和 35%，但中國對美國的出口仍以五對一的比數領先。美國每年出售約 24 億元的飛機給中國，半導體的出口三年中增加了三倍，否則，美國倒真像是一個發展中國家了。此外，美國的油籽、穀類、鋼鐵、紙漿和生皮等出口也佔優勢。

「中國對美國的出口成長來勢洶洶，很多工業根本無法以一般的策略來應對，如自動化或壓縮供應商。日本，南韓或歐洲往往要四、五年時間才能在美國市場佔一席之地，中國在轉瞬之間大軍壓境，你根本沒看到他們是如何進來的。甚至在美國佔有競爭優勢的網路產品市場上，也可感到中國產品的影響。今年十一月間，麻州三康公司（3 Com）宣布推出一種資料通訊轉換系統（Data- communication switching system），可供一萬個以上使用者的公司使用，其性能是思科公司的兩倍，而十八萬三千元的售價比思科低 25%。秘訣是三康和中國通訊業巨擘華衛（Huawei）科技公司合作，運用他們 1200 名工程師在大陸研究和製造這種產品。

「前美國貿易代表白夏芙說，中國是打了類固醇的老虎。美國不能從自由貿易的立場退卻，在中美關係日趨密切的今天，要如何和這隻老虎相處，便是非常急迫的課題。商業周刊提出以下幾個建議：

美國須有因應之道

「第一是強化本身的金融財務。美國人必須儲蓄更多，聯邦政府才不致過份依賴對外貸款，並滿足他們對進口的強大需求。在剛結束的會計年度內，美國政府的預算赤字達到 4130 億元。衡量貿易、投資和資本流通的經常賬，今年的短缺將達到 6200 億元。大部分短缺都將由中國，日本和其他亞洲國家以購買美國國庫債券來彌補。美國既然一方面要向別人貸款，就不能在重大貿易問題上過份討價還價了。

「第二是採取新的人民幣策略。美國曾要求北京提升幣值，以減少其出口優勢。中國表示他的金融體系太脆弱，無法讓人民幣自由浮動。但美國至少可以要求人民幣酌量升值，以緩和中國出口的強大壓力。

　　「第三是加強執行貿易法。美國過份依賴公司提出的反傾銷控訴，而很少主動出擊。提出反傾銷訴訟所費不貲，不是小公司能輕易負擔，而且曠日廢時，往往官司未了而傷害已經造成。美國商業部實際上可以在看到重要工業受到打擊時，自動提出控訴。同時也要世界貿易組織重開和中國的協商，檢討中國入會時享有的那些優惠不能繼續享有。

　　「第四是加強保護智慧產權。軟體產品美國本來可以大量出口到中國，那裡是世界最大的市場之一。但根據美國『商業軟體聯盟』估計，中國電腦裡的軟體百分之九十二不是沒有獲得許可，便是盜版品，這使得美國出口商每年損失的金額達到 38 億元。此外，碟片、書籍、電影、電子遊戲，甚至藥品和肥料都受到仿造，使美國受到巨大損失。

　　「美國雖然是世界第一強國，但是如果這種失血狀態長期發展下去，終會有令美國金融枯竭，財務破產的一天。市場已經有呼聲要求徵信業者降低美國的債信。如何保護美國的財政，工商業的利益和就業市場的安全，就看美國政府如何應付了」（《世界周刊》Dec. 2004）

五、中國，全球經濟推手

中國經濟強勁成長，一般認為是西方國家，特別是美國的赤字，失業和經濟衰退的罪魁禍首。美國政經領袖認為，人民幣釘住美元，不調升幣值，造成中國產品價格低廉，是美國貿易逆差的根本原因，因此日前人民幣決定升值 2.1%，並改採釘住一籃子貨幣政策，受到西方國家歡迎。

不過，《經濟學人（The Economist）》周刊認為，這個觀點從幾方面來看都是錯誤的。該刊指出，中國不是美國貿易赤字的主要原因，另一方面來說，中國已成為世界經濟活動的推手，正以一種新的，深入的方式帶動本來是國內因素決定的經濟趨勢。

《經濟學人》指出：「美國人總是喜歡將巨大的貿易赤字歸罪於『中國製造』商標，然而以中國今年現金帳預估盈餘一千億元來說，也只是美國八千億元赤字的一小部分，而且美國赤字主要是缺乏國內儲蓄所致，不是不公平的中國競爭，可以說，赤字是『美國製造』，而不是『中國製造』。

「中國貨幣一直受到國際上的升值壓力，在釘住美元匯率十年之後，終於決定升值百分之二，沒有人能肯定其影響到底如何，可能只是擺脫美國保護主義的一個象徵步驟，或者是連續升值的第一步，終止中國及其他國家要購買千、百億美元作為外匯儲備，以保持其幣值穩定的辦法。

「不管是那種情況，此種小幅度升值對美國巨大的貿易逆差將不會有重大影響。即使像很多經濟學家預測，人民幣未來一年再升

值 5%到 10%，也很難彌補美國巨大的赤字漏洞。不過，這仍然是中國匯率制度的一項重要改革，表示將向市場導向推進，而這將對美元，公債收益和消費者的花費造成影響。

供應需求同受推動

「如果只從中國的出口和貿易盈餘來觀察中國對全球的影響，那將會誤解和低估中國在世界經濟活動中的強大動力。每個人都知道，大多數電視機，襯衫是中國製造，但是在某種程度來說，開發中國家的通貨膨脹率、薪資、利潤、油價，甚至房價，至少都受到中國因素的強勁影響。

「當然，中國不是帶動世界經濟的唯一快速成長的經濟力量，但中國的確來勢洶洶。從 2000 年以來，中國對世界生產毛額（GDP）是其他三個最大成長經濟體─印度、巴西和俄羅斯總值的兩倍。此外，中國溶入世界經濟體系造成的影響，遠比其他成長經濟體，或日本在高速成長時期更為強大，還有更為關鍵性的原因。主要是，中國不僅有龐大廉價的勞工，而且以如此龐大的經濟力量推動相當開放的貿易投資政策。中國產品和服務的進出口總量佔國民生產毛額的 75%，日本，印度和巴西只佔約 25%～30%。結果是，巨龍的甦醒帶給其餘世界是更為強勁的震撼。

「大多數分析家從中國在全球生產和出口所佔的比重來評估其日漸增加的重要性，從而衍生出一種恐懼，認為中國正在全球爭奪生產和工作機會，但這種看法只對了一半。不錯，中國今年的貿易順差已大幅度增長，但這主要是政府致力節制固定投資，導致進口減少的結果。然而過去十年來，中國的進口和出口可說是同步增加，因此可以說，中國同時大力推動了全球的供應和需求。

「中國對世界經濟的影響，用經濟學家說的『肯定的供應面震撼』（Positive supply-side shock）來說明也許比較容易了解。哈佛大學經濟學家理查・佛利曼指出，中國，印度和前蘇聯進入世界經濟體系，實際使世界勞動力增加一倍，而其中中國佔了一半，推動了全球成長率，協助抑制通貨膨脹，並引發了勞力，資本，產品和資產相關價格的變動。

「美國，歐洲和日本近年來真實薪資的成長幅度相當緩慢。誠然，要是以收入和就業成長率來衡量，這一次是美國數十年來最疲軟的一次復甦。從衰退低潮的 2001 年 11 月起，美國工商業職工實際收入只增加11%，而前五次復甦的平均增加幅度是 17%。

「中國龐大的廉價勞工大軍進入國際生產和貿易體系之後，已經降低了已開發國家職工的討價還價的力量。雖然從已開發國家轉移到中國的外包工作的絕對數值並不很高，但公司可以將工作轉往海外的威脅，有助於抑制工資的上升。在大多數已開發國家，目前工資在全國總收入的比例是數十年來最低的水準。

「但在另一方面，公司的盈利卻穩步上升。美國去年稅後盈利佔國民毛收入的比例上升到 75 年來最高的水準；在歐元和日本也接近25 年來最高數額，而這正是經濟學理論所預期。中國溶入世界經濟使得勞力相對充足，而資金相對減少，因此資金的獲益也相對提高。諷刺的是，西方的資本家得感謝世界最大的共產國家使得他們財源滾滾。

「中國對世界經濟主要的影響是改變了相對的價格和收入。不僅中國出口的產品價格下降，中國進口的商品價格則有所上揚，主要有石油和其他原料產品。中國已經是世界若干原料的最大消費國，如鋁，鋼，銅和煤，石油則是第二大消費者，因此，中國需求的改變在在會影響世界的價格。例如，如果中國經濟繼續成長，對石油的需求便會繼續增加，而造成石油價格繼續上升；如果經濟衰

退，石油價格也會下跌。不過中國平均每人的石油消耗量只是美國的 1/15，因此隨著收入增加，中國的能源需求一定增長。

「全盤來說，中國進口原料造成石油和其他產品價格上漲的壓力，早已給中國製造品出口造成的降價壓力所抵銷。結果是，中國對世界經濟另一種重要的影響是帶來了低通貨膨脹率。中央銀行主管老是認為通貨膨脹受到抑制是他們的功勞，但近數年來，中國幫了他們的大忙。中國有能力生產廉價產品抑制了全世界多種商品的價格，也減緩已開發國家工資上升的壓力。例如，美國衣物和鞋類價格過去十年來下降了 10%，計入通膨率，實際下降達 35%。最近人民幣升值 2%，中國製造商可能以降低利潤來吸收，而不致加到出口價格上，但美國人要求升值 25～30%，果真如此，一定會使得通貨膨脹大幅升高，後悔的將是美國人自己。

「在此種情況下，中國引起的通膨壓力的減緩，使得中央銀行得以維持比正常狀況為低的利率。美國復甦三年半以來，實際短期利率僅 0.7%，比 1960 年以來歷次復甦的平均利率低兩個百分點。這對借款者來說是好消息，但若干經濟學家擔心，中國和其他成長大國進入世界經濟體系造成的影響，恐怕中央銀行還不能夠充分了解。

「國際清償銀行（Bank for International Settlements）最新的年度報告中質疑，當中國已強力提高全球生產潛能，因而降低多種商品價格之時，維持正數的通貨膨脹是不是真正有其需要。換言之，現在中國已經加入全球市場經濟，中央銀行是不是太注意通膨率的提高？

中國甦醒全球震撼

「在 19 世紀末葉的快速全球化時代，平均價格下降是很平常的現象。這種伴隨著強勁成長的『好的通貨緊縮』，和 1930 年代的

蕭條是不同的。今天我們又有一個好的通貨緊縮，但中央銀行要維持低利率來達到通貨膨脹目標。國際清償銀行擔心，此將鼓勵信用貸款的過份成長。

「關於物價和生產力的關係，1920 年代也有過激烈的爭論。當時，由於技術改革大幅推動生產力成長，生產成本也相對減低。部分經濟學家認為，在這種狀況下，全盤穩定的物價也許不是正確的目的。他們辯稱，平均物價應該降低，將生產力增加的利益轉給職工和消費者，以提高實質所得。但正像今天一樣，貨幣政策阻止了物價下降，而當時過分寬鬆的政策引起了 1920 年代後期的股市泡沫。

「維也納經濟學派或者可以提供現狀的最佳解釋。中國的廉價勞工大軍進入世界經濟使得全球的資本利得增加，而這應該表示可以增加真正利率的平衡標準，但中央銀行蓄意將利率維持在歷史低點。結果是資金被誤導濫用，最顯著的是質押貸款和住宅投資的大量增加。如果此一分析正確，中央銀行應為資金猛增負責，而不是中國。但中國的崛起無疑是根本的因素。」

經濟學人這篇文章的論點是，「全球通貨膨脹，利率，利潤，公債獲益，房價，薪資和商品價格現在正逐漸受到中國決策的影響。這可能是半世紀來最重大的經濟變化。而其影響可延續另外二，三十年。根據估計，中國農村地區差不多還有兩億失業職工。至少還要二十年這些勞力才能由工商業吸收。在這個過程中，全球工資成長和通貨膨脹將繼續受到抑制。資本利得也將在一定時間內保持在歷史高位。

「拿破崙說，當中國甦醒時，全世界都會震動。現在中國已經醒了。」（世界周刊，Aug., 20 05）

六、經濟發展能帶來民主轉化嗎？

中國經濟發展蓬蓬勃勃，現在已成為世界第三大經濟體，隨之而來的是軍事力量的日益壯大，成為舉足輕重的力量。但是中國仍然是一黨專政的獨裁政體，沒有言論和政治自由，也因此引起人們對中國前途的討論，就是經濟發展會不會帶來民主和自由化的演變？民主體制是不是必然優於獨裁體制，因此才能在兩次世界大戰中戰勝德國和日本的專制政體？

以色列特拉維夫大學國家安全教授蓋特（Azar Gat）在 2007 年7/8 月《外交事務》雙月刊上發表〈專制大國的再起〉專文（The Return of Authoritarian Great Powers）辯稱，專制資本主義大國德國和日本在兩次世界大戰中被擊敗，大部分是偶發的因素而不是結構上的原因。他也說，這兩個國家遠比美國為小，因此無法抗衡。為此，約翰霍普金斯大學教授丹尼爾·杜德尼（Daniel Deudney）和普林斯頓大學教授約翰·艾肯柏瑞（John Ikenberry）在今年年初的《外交事務》雜誌上發表專論（The Myth of the Autocratic Revival），堅持認為非民主的資本主義國家無法對抗自由民主體制，不能長存久安。而密西根大學教授英格哈特和以色列雅各大學教授維賽爾也在該刊發表〈開發如何導致民主〉（How Development Leads to Democracy）來批評蓋特的理論。

杜德尼和艾肯柏瑞兩人在文中重申現代化的原理，那就是現代化唯一的，可長可久的道路就是自由民主的道路。基於這種理論，那些沒有遵循美國和英國所採取的民主道路的國家，或者因為在力

量上比不上民主制度，或者因為內部無法解決的矛盾，而終於採取了自由民主的道路。自由民主化被認為有本質上的優勢，對過去和未來都有一種指引作用。德國哲學家黑格爾說，如果歷史是一個法庭，那歷史的判決是很明確的。也就是說，兩次大戰的結果可以證明民主制度的優異。但事實真是如此嗎？

蓋特於是在今年 7/8 月該刊中再發表〈歷史向何處去〉（Which Way is History Marching？）為專制大國再起的觀點辯護。他在文中說，杜德尼和艾肯柏瑞，像黑格爾一樣，認為意外總是容易發生在有意外風險者的身上。他們堅持德國和日本在二戰中戰敗是他們根深柢固的結構問題。不錯，德國在 1940－1942 年承受了嚴重的生產失敗，但 1942 年獲得了補救，而在一戰中它並沒有發生類似的失誤。日本在二戰中工業機器並沒有承受顯著的毀損。在兩次大戰中，非民主的資本主義國家表現亮麗，在初期贏得粉碎性的勝利。而另外一邊，民主國家失誤連連，應付挑戰的反應遲緩無效，三軍的準備嚴重不足，特別在 1930 年代，初期的失敗有毀滅性的潛在危險，其後的作為也屢犯嚴重的錯誤。

德日戰敗非因制度

與民主終將佔有優勢的觀念相反，德國和日本的戰敗是由於這兩個國家遠小於其對手，而難以承受失敗的打擊。就德國來說，兩次大戰中能突出地理的限制，對抗優勢集結的盟國集團而能給予致命性的打擊，但需要繼續的重大的勝利才能竟全功。誠然，德國在二戰中幾乎達成這個目標。比較來看，美國龐大的力量表示民主國家可以承受災難性的失敗而仍然能重新站起，如在一戰中失去蘇聯盟友，二戰中海軍在珍珠港受到摧毀。

　　因此，如果沒有美國作為盟友，法國和英國可能已為德國併吞，廿世紀後半段的歷史將會重寫，政治學家對民主的描述也不會如此美好多姿了。而廿世紀大歷史的紀述也將著重在專制政體的優越統合性能，而不是民主的勝利，因為歷史是由勝利者編寫的。杜德尼和艾肯柏瑞的專文好像認為，自由民主的勝利是必然，但是要提出此種論述我們須假定，自由民主美國的興起作為廿世紀的超強是注定的，而且只能以經歷過的型式來完成──就是說英國人在一個人口稀少的廣漠大地上建立一個獨立統一的國家，並且在內戰後仍能維持此種統一。更有甚者，我們假定德國在兩次大戰中根本不會在歐洲贏得勝利，否則，勝利的德國共和（和勝利的日本帝國）將無可避免得到自由。這些假定都是不合理的。

　　自從 1945 年國際社會就沒有出現過非民主的資本主義強國。但最近中國狂飆式的崛起，已打破此種現象。不像過去的德國和日本，今天的中國擁有世界最多的人口，經濟成長亮麗，預期在一到兩代之間便能追上已開發國家的經濟。杜德尼和艾肯柏瑞針對中國的崛起重複指出，非民主政權必然充滿貪腐和關係現象，因此他們發展到一定的水準時肯定會出現停滯。但是正如前聯儲會主席葛林斯潘所說，非民主的新加坡有世界第一流的經濟，也是世界最少貪腐的政權。帝制德國及其前身普魯士也是一樣。這些政權的秘訣是官僚體系的崇高地位，強烈的敬業和道德觀念，和像新加坡一樣用高薪養廉。中國現在有普遍的貪污現象，其新官僚體系能不能建立同樣的標準還有待觀察。

非民主的資本主義強調

　　一般的理論認為，依法治理對一個先進的資本主義經濟的運作是非常重要的，非民主國家缺乏這種機制則居於不利的地位。這種

辯論忽視了一個事實，那就是直到 1918 年以前，德國是一個半獨裁的政體，但仍然是依法治理的國家，有第一流的資本主義經濟，1945 年前的日本和今天的新加坡也是一樣。

另外，英格哈特和維賽爾在他們的〈開發如何導致民主〉專文中，根據他們對世界價值的綜合調查，提出他們以價值為中心的現代化理論。他們紀錄了從傳統社會的生存價值，轉變到富裕社會的個人自我表現價值中，低和高收入社會明顯的不同之處。根據廿世紀的經驗，兩人辯稱這種價值的轉換奠定了民主化的基礎。但是像其他不同的現代化理論，他們忽略了更為基本的問題，那就是自由的價值是不是工業化和更富有的社會不可避免的環球產品，或者是自從廿世紀前半段非民主的資本主義大國被擊敗後，美國和西歐所主導的政治，經濟和文化自由霸權所形成的獨特價值體系。

英格哈特和維賽爾強調不同文化傳統的堅持以及即使進行了現代化的社會所產生的重大文化變異。誠然，在人口最多和發展最快的東亞，長期的文化傳統強調社區，社會秩序和社會和諧，但都並不妨礙發展。在這個地區是否有另外現代化的道路並證明有效，還有待觀察。

這兩人謹慎指出，民主化程序不是必然的而是或然的。不過他們留給人的強烈印象是這種程序所需要的只是時間。無可否認，是有一種強烈的趨勢認為工業化資本主義社會和民主相互關連，而這種趨勢也是過去兩世紀來自由民主模式得以散佈和成功的原因。不過即使是趨向也只是一種趨向而已，它能否戰勝對抗的趨向還要看環境，對抗的力量和其他不可預知的條件。

至於在國際舞台上如何應付非民主的超級大國如中國，杜德尼和艾肯柏瑞，以及英格哈特和維賽爾都顯示了自由派國際主義者充分的樂觀態度。中國之自由溶入全球經濟體系提供了它巨幅成長的

動力，也因此強化了這個國家成為美國潛在的強勁對手，這和大英帝國十九世紀末年面臨的其他工業化國家的挑戰是不同的。英格哈特和維賽爾認為這也沒有什麼好担心，因為迅速發展將加速中國的民主化，而英國的巨大財富和自由化民主霸權是敗在另外一個自由民主政體——美國，而不是非民主的德國和日本，而當時美國的前途最好也只能說在未定之天吧。

自由民主國家可以設定民主化為中國加入全球經濟的條件，但是這種限制是否可行或者有無必要也是值得懷疑的。畢竟中國的經濟成長有利於其他國家，而使得已開發國家——特別是美國——之必須依賴中國，亦如中國之必須依賴其他國家。此外，除了民主制度，經濟發展和互相依賴也是和平的重要支柱。即使在比中國小而弱的國家，用民主的力量來促進其內部民主化的功能也是有限的，而強加壓力給中國可能引起反彈，破壞和中國的關係，促使中國更加走向軍事化和敵對的道路。

民主轉化絕非注定

杜德尼和艾肯柏瑞認為，中國加入二次大戰和冷戰後所建立的自由化國際體系，將迫使中國轉變和配合這種國際秩序。但團體中強大的成員不見得會接受現成的遊戲規則，而他們的參與也可能改變原有的秩序而不是被原有的秩序所改變。〈世界人權宣言（The Universal Declaration of Human Rights）〉就是一個明顯的例子。這是 1948 年經過納粹恐怖肆虐後聯合國在自由主義高漲時所制訂的。但其後的人權委員會和接續的人權理事會一直受到中國，古巴及沙烏地阿拉伯等國家的操縱，而有反自由化多數和紀錄。今天在聯合國大會，多數國家在人權問題上總是跟著中國起舞，而不是美國和歐洲。

　　和歷史性的霸權相比，今天全球自由化的力量在各方面來說都是良善的，敞開心胸和基於相互的興盛。西方國家會很自然地認為每一個人都樂於加入這個團體。然而德國和日本必須被粉碎後才加入這個體系。

　　今天，非民主的資本主義中國不僅提出不干預政策，同時也支持國家主權，團體價值和國際體系中的多元意識形態。這不僅受到政府的注意，也引起人們的興趣，認為是對抗美國和西方國家鋪天蓋地的環球化理論的另外一條道路。一種理念並不需要全球一致的傳播才能吸引人們跟隨，就像 1920 和 1930 年代法西斯主義所表現的力量。

　　民主體系在廿世紀的勝利既深且廣，因此非民主的強權現在來重新挑戰是不是太晚了？但是相反來看也是可能的。如果我們少用目的論和凱旋論者的立場來解讀廿世紀的歷史，應該有助於我們了解未來並不是肯定的。中國和俄國的民主化和民主的最後勝利絕不是天生注定的。（Oct－2009）

　　　　　　　　　獲得 Foreign Affairs 出版社授權 July 14, 2010

七、汽車工業病根何在
——汽車業傳奇人物艾可卡的看法

　　美國有汽車王國的稱謂，生活各方面都受到汽車生產、銷售和使用的影響，而形成所謂汽車文化。主導汽車生產的三大車廠，即通用（GM），福特（Ford）和克萊斯勒（Chrysler）。不過近年來在日製汽車步步進逼下，汽車市場逐步被日製汽車侵蝕，日本的豐田（Toyota）已經取代福特成為銷售第二大的車種，並可能超越通用取得龍頭老大的地位。通用曾經佔有美國市場 60% 的銷量，如今只剩下 25%。尤其近年來受到金融風暴，經濟衰退的影響，通用和克萊斯勒資金短絀，瀕臨破產，不得不向政府申請數十億乃至近兩百億元的資金救急，維持生存。到底美國汽車業出了什麼問題？還能重振以往的雄風嗎？

　　李‧艾可卡（Lee Icocca）可說是汽車業的一位傳奇人物，他在 1960 年代為福特汽車研發的野馬（Mustang）轎跑車風行一時，成為嬰兒潮一代的寵兒，為福特帶來巨大商機，也將他推向福特總裁寶座。1978 年進入克萊斯勒汽車，設計出迷你箱型車，挽救岌岌可危的克萊斯勒公司。他去年推出一本新書叫做《領袖在何處？》（Where Have All the Leaders Gone？）對美國國勢何以日漸衰退提出針砭，其中一部分就提到美國汽車業的沉疴。由於他在汽車業經營五十年，對這一方面的看法有一定的價值，因此我們先就這方面提出討論。

　　艾可卡提到汽車產業中心的底特律（Detroit）對美國來說有非常重大的意義，不僅是美國經濟的支柱，也是推動民主的動力。第

33

二次世界大戰時，羅斯福總統曾稱許底特律是民主的兵工廠，是這裡的工廠生產的戰鬥車輛和奉獻的職工，贏得了大戰，維護了民主制度。這是美國精神。如今底特律是不是能夠再度成為民主的兵工廠？他不是說製造坦克，他說的是挽救美國的生活方式和社區。要知道二次大戰時我們迎戰納粹軸心而擊敗了他們，然後協助他們重建，現在我們必須重建自己的國家，我們必須重新燃起中產階級的希望和夢想。

政府應協助減輕負擔

美國汽車業何以無法維持競爭力，艾可卡在書中說有三個重要因素。第一是政府沒有積極協助，維持汽車業公平競爭的環境，第二是汽車業領袖僵化老大，缺乏眼光，第三是工會勢力強大，造成汽車公司沉重負擔。就第一項來說，汽車工業需要政府協助爭取與日本的公平貿易條件，特別是日本操縱日元匯市和封閉的市場，造成美國汽車業非常不利的競爭條件。政府也需要協助汽車業減輕健保負擔，以及積極開發代替能源如乙醇。他記得廿年前他陪同老布希總統訪問日本時就要求日本為美國產品開放市場，廿年後依然沒有進展。2006 年三大車廠主管曾要求與布希總統會晤，一拖數月沒有安排，而布希竟然有時間會晤美國偶像優勝者。布希還對媒體說風涼話，什麼底特律應該學習如何競爭，應該製造有用的產品。

節節上升的健保與退休費用，頑強固執的工會，政府各種管制法規都增加了固定生產成本和對資本的需求。而各地方政府對日本車廠的歡迎和優惠如同對待征服的英雄，更令美國汽車公司不平。他舉例說，豐田在德州聖安東尼新建的一個車廠已經成為德州的寵兒，州政府給予數千萬元的稅務優惠，差不多每部車為 600 元。不

僅如此,車廠年輕的職工沒有工會組織,又在退休金和健保方面節省大筆開支。而在 200 哩外阿靈頓市的通用車廠,沒有任何這類紅地毯式的待遇,有的只是各種壓力。最頭痛的問題是健保費用,通用每部車子所負擔的費用為 1525 元,而豐田只要 201 元。

對於這些真實而形成危機的成本負擔,美國政府視而不見,寧讓汽車業承擔風險。政府是否可以提供一些優惠方案,協助汽車業維持退休職工和其他四千多萬沒有健保者的健康保險呢?柯林頓政府時代曾由當時的第一夫人希拉蕊主導研究過健保改革問題,一幌也是十多年沒有一點進展。

車業本身僵化無眼光

汽車業競爭力衰退業界領袖難辭其咎。艾可卡提到他在研發 Mustang 時是看到嬰兒潮一代已經到了開車的青少年時代,而 Mustang 力量夠,外型時髦,是代表一種生活方式和身份,那時的父母們也有能力為子女買車,因此生產之後廣為流行,幾乎成為美國的國民車(Volkswagon)。1980 年代他入主克萊斯勒,最大的成就是開發了迷你箱型車(Mini Van),也帶動風潮,因為這時候嬰兒潮已為人父母,還養了狗,足球媽媽正好開著箱型車帶著小孩從學校到球場,再到市場,輕鬆自如。到現在足球媽媽似乎仍然活躍,克萊斯勒每月還可賣出三萬輛箱型車。

他說,了解消費者需要,順應潮流就不會失敗。美國汽車業一直以來採取的是僵化的,誤導的政策,他們的基本態度是我決定生產什麼車子,再來說服消費者購買。他們也認為越大、越重的車子越安全,現在流行的休旅車(SUV)就是基於這種心態的產品。這種迷思有必要予以打破。他認為重量固是安全因素之一,但車子的

結構和性能也很重要，特別是現在氣袋的裝設更是安全的重要因素。他指出，SUV 具有越野性能，現在有幾個人是開這種車子去穿越沙漠野地？中東沙漠戰爭發生後，通用公司甚至將悍馬運兵車帶到街道上，艾可卡說如果要保證安全，那就開一輛坦克上街好了。

這些大型車輛造成汽油浪費，空氣污染，顯示汽車業沒有從經驗中得到教訓。1970 年代汽油危機是一個警訊，顯示必須發展小型車才有機會生存。美國當時雖較日本晚了數十年發展小型車，但也有了一些成就。1980 年代汽油價格恢復平穩後汽車業似乎又忘了油價高漲，加油排隊的痛苦，重新製造大車、重車。現在又到了另一個能源危機的時代，美國必須改弦更張，製造高品質的小型車，才能提高競爭力。目前沒有一部高品質的小車是底特律製造的，美國汽車業難道這一點省思的能力都沒有嗎？

美國車的品牌太多，車型複雜也造成問題。過多的品牌和車型降低生產效率，減少公司利潤。豐田只有三種品牌，即豐田，凌志（Lexus）和一種小型車 Scion。以 GM 來說，現在有別克，雪佛蘭，龐地亞克，GMC，悍馬，土星（Saturn）以及凱地拉克。每一種品牌又有箱型車，大 SUV，小 SUV，混和型（Crossover），旅行車，四門轎車，二門轎車和敞篷車。車公司實際上可以簡化品牌和車種，使得工廠能量可以充分利用，零件可以通用，製造出深入人心的產品，提高競爭力。像 GM 計畫關閉土星，艾可卡便認為是明智的決定，因為這一品牌一直沒有獲利。

幾個錯誤的決定

艾可卡對於福特收購多家歐洲車廠感到不解。他想問福特為什麼要收購 Jaguar、Volvo、Aston Martin，還有 Landover？福特到底

要想成為什麼樣的公司？福特認為可以經由收購這些車廠躋身名車市場，可是目的並沒有達到。他最感到憤怒的是 1998 年元月克萊斯勒和戴姆勒‧賓士的合併。當時克萊斯勒的箱型車銷得還是很好，並沒有無法維持的危機，只是因為金融家柯克蘭要購買克萊斯勒，將之改為下市公司，引起執行長鮑勃‧伊頓的憂慮，而急思和賓士合併。表面上好像是平等合併，實際上根本是賓士主導的併吞。就以名稱來說，賓士執行長尤金‧史恩普主張用戴姆勒—克萊斯勒，當伊頓建議要用克萊斯勒—戴姆勒時，史恩普說那就不用談了。賓士可說予取予求，決定所有條件，雖說有兩個執行長，一個在美國的奧本山，一個在德國的史圖格，但發號施令的是在德國的總部。新聞稿是用德文寫好翻成英文的。克萊斯勒的人根本不知道賓士總部在搞些什麼，對士氣造成重大打擊。艾可卡對這種情況感到憤怒憂心，認為不可能長久維持。而伊頓是他選的接接班人，他能說什麼呢。（按：兩公司已於年前分割）

艾可卡說危機才能產生能幹的領袖，而底特律可說已經危機重重。問題是什麼樣的領袖會在這種危機中浮現呢？他認為消息似乎很好。以通用執行長瑞克‧華康納來說，他面對柯克蘭，傑瑞‧約克和卡洛斯‧果恩等人操縱要和雷諾‧日產合併的壓力處變不驚，力排合併之議，並且在一位能幹的車業老手鮑勃‧盧茲的襄助下設計、改進產品的性能。

克萊斯勒經由澤貝樂（Cerberus）投資公司收購後需要時間才能看出其前景，新執行長鮑勃‧納達利原來是家庭總匯（HomeDepot）的執行長，並不是汽車業行家。但他是一位優異的管理人才，還曾是管理大師傑克‧維區的門下。他至少還有幾位有力的汽車專才來輔助，像湯姆‧拉索達和詹姆士‧普萊斯。拉索達是一位汽車行家，從工廠幹起，熟悉汽車的一釘一鉚。至於福特的新領導原是波音飛

機公司的主管亞倫・穆拉利，還要經過適應期。不過一個老化的行業，裡面的人習以為常，往往不知道毛病何在，新人也許可以洞察沉痾，帶來新的構想和活力。

艾可卡說，汽車業領袖必須對汽車熱愛，有創新的精神，要為整個公司的風格定調。當他當執行長時，他提出的口號是我們共同努力一定會有重大的成就。他希望現在的車業領袖也有這種認知，共同努力，恢復汽車工業作為美國民主兵工廠的光輝時代。(《世界周刊》，April, 2009)

1555

八、人民幣升值的迷思

　　美國和中國財經首長例行的中美戰略經濟對話五月間舉行之後，中美間貿易，匯率，智慧財產權等爭執有無減緩，可說效果不大。中國仍然被國會及部分媒體視為惡棍，批評人士認為，中國幣值人為性過低，搶走了美國的工作機會，造成美國貿易赤字升高，北京因此應將人民幣升值。但這些論點大部分並不正確。中國幣值升高也不會大幅減少美國的貿易逆差。值得注意的是，如果放任人民幣自由浮動，受益較多是中國而不是美國。沒有彈性的匯率制度，中國火熱的經濟可能過份膨脹而發生爆炸的危險。

　　《經濟學人》在其有關中美貿易的報導中說，美國對中國的憤怒顯然正在增加。美國今年二月向世界貿易組織（WTO）提出抗議，指稱中國補助出口產品，商業部三月份宣布增加中國亮光紙進口關稅率 10%－20%。四月間，布希政府又提出兩項抗議，指責中國盜版影碟和音碟，以及中國過份限制外國影片和音樂在中國銷售的規定。

　　雖然這些動作個別來說並非重大事件，但卻指出加強對抗中國行動的方向，特別是來自國會的壓力。國會議員批評說，所謂「中美戰略經濟對話」設立一年多以來，並沒有產生什麼效果，五月下旬的對話仍然是各說各話，沒有交集。多位評論員認為，今年下半年將無可避免通過若干反中提案，而由於房市不振引起的經濟衰退，將使提案通過的機會大為增加。

　　國會和媒體對中國的敵意主要還是節節升高的貿易赤字，去年已增加到 2330 億美元，差不多佔美國貿易逆差總數的 30%。中國的現金帳節餘估計為 2500 億元，佔國民生產總額的 4%，而 2001 年只佔百分之一而已。更嚴重的是，2007 年前四個月的中國貿易順差比去年同期大增了 88%。

　　中國 2005 年七月正式放棄數十年來將人民幣釘住美元匯率的政策，自此之後人民幣對美元匯率升值 8%。但是由於美元價值降低，人民幣以貿易為準的價值幾乎沒有變動。以實際的貿易價值來衡量，人民幣比 2002 年美金高峰期還要貶值 10%。結果是，不僅保護主義者要求行動，就是很多主流經濟學家也要求人民幣至少升值 20%。然而典型的要求升值的理論是基於幾種迷思。

　　第一種迷思是有過多的證據顯示人民幣幣值被過份低估。中國對美國的大量貿易順差不能證明任何事實，而主要是顯示亞洲供應鏈的改變。目前美國購自中國的產品前此是來自日本，台灣和南韓。中國現在從這些國家進口零組件，組裝後輸出成品至美國。

　　經濟學家認為界定一種幣值的真正價值是非常困難的事。以購買力基準來衡量人民幣對美元的幣值顯然被低估，可能高達 50%。但是用購買力來決定兩個收入相差如此巨大的國家的理想匯率是不可能的。較貧窮國家人民所得少，平均物價低廉是自然的現象。當國家變得富有，生產力增加，實質的匯率便會上升。而雖然自 2002 年以來，人民幣以真實貿易為準的幣值下降有些不近情理，但從 1994 年到 2001 年人民幣實際已升值 50%。

　　迷思之二是中國的貿易順差巨幅上升是因為廉價商品出口爆炸性增加。一直到 2004 年，中國的順差還很溫和，但隨後兩年則有大幅成長。亞洲經濟學家約拿坦‧安德遜指出，上述兩年間中國出口成長事實上已減緩，貿易順差大增主要是進口成長減緩，自

2004 年的 30%，減至去年的 15%。中國一向進口很多鋼鐵、鋁、化學品和機械，但政府自 2004 年起收緊政策，減少建築工程，也減少有關機械和材料的進口。同時中國繼續大量投資於金屬和設備的製造，去年的進口也就相對減緩。

第三項影響是認為自中國大幅進口會傷害美國就業市場和經濟。美國目前失業率 4.5%，是數十年來的低點，很難說就業市場受到中國的打擊。中國的貿易對一般美國人實際有助益，而不是傷害。由於從中國輸入大量廉價商品，造成物價下降或持平，人們實際所得反而提高。評論者認為，廉價的人民幣造成中國出口商品不公正競爭，有如對出口的補助。但到底是誰補助誰還是一個有爭議的問題。廉價的進口貨不僅有益於美國消費者，中國大量購買美國政府債券使得美國得以維持低利率，也補助了房產買主。假如人民幣幣值突然升值 30%情況會如何？如果中國減少購買美國債券，美國利率會升高，華瑪市場物價會上升。到時候消費者停止消費，進口大減，美國貿易赤字肯定會縮減，但這不是大多數美國人所樂意看到的情況。

而最大的迷思是人民幣升值可以減少美國貿易逆差。美國收支不平衡的真正問題是消費太多，儲蓄太少。這表示國家得從國外進口儲蓄以平衡經常帳赤字。如果升值的人民幣不能使得美國人增加儲蓄，僅靠改變匯率也不能減少貿易赤字。

人民幣大幅升值也不能減少美國貿易赤字的另外一個原因是，美國和中國產品的同質性很小，因此美國沒有替代中國的產品。而代替「中國製造」的將是其他國家如印尼，越南的產品。摩根史坦利公司首席經濟師史提芬羅克說，這等於增加美國消費者的負擔。（Aug.2007）

九、中美軍事對峙潛伏危機

中國經濟力量日趨強盛之後，隨之而來的便是軍事力量的日益壯大和現代化。冷戰之後，在軍事、政治上獨霸世界的美國，本來以為可以不必再殫精竭慮，耗費財力在武力擴展上，想不到從東方地平線上又冒出一條帶有核子牙的巨龍，還夾著蒸蒸日上的經濟實力在世界各地廣交與國，爭取能源和市場，這自然使美國感到如芒刺在背，寢食不安。到底美國對中國的軍事發展抱持什麼樣的態度，兩國在軍事競賽上潛存著何種危機？《大西洋月刊（The Atlantic）》2007 年 7-8 月號有一篇比較深入的報導。

這篇叫做〈優勢情結〉（Superiority Complex）的專文開宗明義指出：「在未來的年代中，當中國經濟繁榮，軍力成長，美國將致力抑制中國的軍事力量和影響力。美國和中國的軍事對抗將成為世界上最危險的戰略關係。樂觀主義者可能認為，經濟統合的緩和效果將防阻華府和北京全面的敵對和衝突。還有一些人士辯稱，超級強國之間的戰略競爭本身，便可以預示和平和穩定，因為每個國家擁有可以相互毀滅的核子武力，實際上構成一個安全網，那就是這種核子力量在冷戰時期阻止了美國和蘇俄之間的戰爭，現在同樣也能冷卻美、中之間的核子對抗。

「1990 年代當冷戰結束後，核子武器似乎已成為明日黃花。俄國和中國領袖好像都是如此認定。俄國的核子武器大量削減，中國對於核子武器的現代化也沒有什麼興趣。中國在 1970 年代和 80 年代布署的小量戰略核子武力，基本上和今天沒有多大差別。但在

同時，美國却在不斷改進其對抗能力—就是能有效打擊敵方核子武器庫的能力。其結果是全球核子力量的不平衡是五十年來所僅見。而以中美關係來說，再沒有什麼比美國核子優勢更為明顯和有潛在的重要性。

「中國大約有 80 枚布署成軍的核子彈頭，但只有少數配置在東風五號洲際飛彈上，可以打到美國本土。中國沒有現代化的洲際飛彈潛艇，也沒有長程核彈轟炸機。更有甚者，中國的洲際飛彈並不能迅速發射，因為使用液體燃料容易腐蝕，所以飛彈並不隨時裝有燃料。最後還有，中國沒有先進的預警系統，無法有效預測來襲的飛彈。

「美國如何在蘇聯解體後獲得核子霸權已是一個公開的秘密。海軍改裝了整個有核子武力的潛艦艦隊，換上了高度準確的三叉戟二號飛彈，將其中很多 100-千噸的 W76 號彈頭換上 455-千噸 W88 彈頭（一千噸等於一千噸 TNT 炸藥），其結果是達成史無前例的準確度和摧毀力，可以有效攻擊強化的飛彈發射台。

「空軍方面，已經改進了陸基的義勇兵三號飛彈的導引系統，其中很多飛彈已經重新裝配更強力的彈頭，以及更準確的再使用系統。空軍同時也提升 B-2 轟炸機的電子系統。這些可以執行核子任務的轟炸機本來已經有隱匿的功能，然而提升後的性能更能以超低空飛行的方式避開雷達，秘密穿透敵方的領空。

中國最具競爭力

「同樣重要的是，美國也在發展一系列非核子武力，以便在需要時用來攻擊敵人的核子武力，造成較小的災難性後果。此外，華府也在採取行動使得中國的核子武力更為脆弱和易於受到攻擊，包

括反衛星戰和廣泛地區遠距離偵測,用來找尋可移動的飛彈發射架。即使是飛彈防衛系統也實質上增加美國攻擊性 的反制能力。

「美國日漸強大的反制力量顯示她擔心中國正茁壯成為五角大廈專家稱作的『同儕競爭者』。國防部 2006 年警告說,在主要的興起大國中,中國是最有潛力在軍事上和美國競爭的國家。因此美國追求超越中國的各項軍事優勢也就不令人意外。如加強傳統戰力,太空戰和信息戰的能力,當然還有飛彈防衛和核彈攻擊系統。

「鑑於中國可能成為威脅,戰略計畫和核子武力布署的改變也要隨之進行。柯林頓政府 1997 年就總統核戰計畫指令做了 1980 年代以來的第一次修改,主要是擴大中國的目標。國防部 2001 年的核子狀況報告（Nuclear Posture Review）透露的部分資料顯示,美國要有使用核子武器對付中國的準備。美國飛彈防衛署首長亨利‧奧布林中將承認,防衛署的計畫並不是完全針對所謂流氓國家或者邪惡軸心,也包括應付中國的計畫。而中國地位日趨顯著最明確的証據是將五艘有核子武力的潛艦從大西洋的喬治亞基地調到太平洋的華盛頓州班固（Bangor）基地。現在美國戰略潛艦有三分之二部署在太平洋。還有,2006 年五月有報導,國防部已制定新的戰爭計畫來協防台灣,就是可能以核子武力攻擊中國的目標。

「從軍事的觀點來看,此種現代化已顯示成果：美國的核子第一擊可迅速摧毀中國的戰略核子武器。不管在平時或危機時發射,一項先制攻擊可使中國喪失還擊美國本土的核子武力。而就中美兩國核子武力的發展來看,中國在未來年代中將生活在美國核子優勢的陰影下。

「這種評估是基於非機密性的資料,標準目標原則和國防分析師數十年來所用的公式。最基本的美國先制攻擊模式將為使用太平洋的核子武力潛艇,用三叉戟飛彈攻擊河南的中國洲際飛彈發射

場。海軍在太平洋隨時保持有兩艘高度待命的潛艇，可在接到命令後十五分鐘發射飛彈。由於每艘潛艇有 24 具裝配核彈的飛彈，每一飛彈又有六個彈頭，表示可立即射出 300 個彈頭，用來對付中國 18 個發射場可說綽綽有餘。

「在冷戰時代，美國潛艇對中國的飛彈發射台或者任何強化的目標可說沒有什麼威脅。三叉戟一號的準確度率只有 12%，彈頭的威力也遠較現在的為小。三叉戟二號飛彈準確度之高，加上 W88 彈頭的強大威力，如果飛彈發射功能正常，有 99%以上的成功率銷毀飛彈發射架。

「此外，為減少無辜平民的傷亡，美國也研發低功能的核彈頭，用最準確的發射方式攻擊敵方的飛彈發射架，也可以採取空中引爆的方式減少製造更多的輻射污染。在提高準確度來說，美國多年來使用全球定位系統（GPS），配合彈體慣性導向系統來提高傳統巡弋飛彈的準確度。雖然敵方在接近目標時可以干擾 GPS 信號，飛彈還是可以在最後數哩路程時利用慣性導航來攻擊目標。」

台灣為衝突熱點

這篇文章分析說：「中美衝突最可能的熱點便是台灣。假定台灣宣布獨立，中國已重複警告一定會以武力進行攻擊，可能是先以海空軍及飛彈擊破台灣的防衛力量，自然成為束手就擒的羔羊。如果美國決定防衛台灣，將以軍力阻擋中國的攻勢，因為空軍和海軍是美國的強項。面臨被擊敗的命運，中國領袖將受到極大的壓力。如果戰敗，就等於永遠失去台灣，這將使得共產黨統治的合法性受到挑戰，因為中共越來越依賴民族主義為其統治基礎。為了防範這種威脅政權的災難，政治領袖可能會升高賭注，將部分核子武力置

於備戰狀態,希望迫使美國接受協商辦法,如使台灣恢復到宣布獨立前的地位。

「不過,將核子武力升高到警戒狀態,中國領袖將迫使美國總統做出一項非常困難的決定,即接受要脅,協商停火;或者假設這只是虛張聲勢的威脅──以中國擁有的洲際飛彈,可攜帶 4000-千噸核彈頭的實力來看,這是一個危險的假定。或者在中國飛彈能發射前加以攻擊摧毀。

「美國日漸強大的核子反制力量對戰爭的影響為何?首先,美國的核子優勢可能會根本阻止核子大戰的發生。中國領袖了解他們的軍力現在沒有戰勝美國的機會。如果他們也認識到他們的核子武力是脆弱而易於受到攻擊,而體認到戰爭是無法獲勝的辦法,便不會將核彈提升到警戒狀態。

「其次,如果台海的戰爭果然發生,美國核子優勢可能將戰爭局限在傳統戰爭的範圍。在危機初期,華府方面可以私下知會北京,如果中國以核子武力備戰,美國將採取果決的打擊手段。

「最後,如果中國威脅對美國友邦或其亞洲駐軍進行核子攻擊,美國更可以理直氣壯以其核子優勢進行先制攻擊。不過,任何攻擊中國洲際飛彈的決定都充滿危險,例如可能有一個發射台未被偵察到。再者,攻擊中國十八個洲際飛彈發射台,中國還有約六十個中程飛彈,可對美國亞洲駐軍和友邦進行報復。然而在一次『清潔的』手術式攻擊後──表示造成較少平民死亡,美國領袖可慎重警告中國,核彈反應將引發毀滅性的結果,即以核彈攻擊更廣泛的目標,包括軍事,政府機構,以至都會中心。

「美國逐漸壯大的反制力量猶如一個雙面刃。直到目前,中國的核武現代化進展還相當緩慢。北京正致力布署新的移動式洲際飛彈和洲際飛彈潛艇。不過由於中國在世界地位的改變,特別是她的

領導人了解美國的反制力量後，北京將面臨更大的壓力來加速和擴大這些計畫，可能已經在進行之中。由於美國數十年來都在發展反潛艇戰術和技術，幾艘新的潛艇不會實質上改善中國的核武的脆弱性。一個更為有效的方法應該是布署數百個新的移動發射飛彈。當然，美國當局會認為這種布署是更為升高的好戰行動，而會採取更為強化的軍事準備。

「美國對中國的核子優勢可能會有同樣的有利和危險的後果。樂觀主義者對於一種認為核子優勢是無關緊要的論點感到安慰。可能中國領導人會覺得在平時沒有建立新武力，或者在戰時提高對抗的壓力，因為他們相信美國絕不會冒險發動反制攻擊。中國領導人數十年來對於擁有少量的核子武器感到滿意，主要就是因為他們相信華府（或莫斯科）沒有那一位理智的領袖敢於為了外國的土地爭執，冒著城市毀滅的危險而發動核戰 。中國因此繼續保持現狀。

恐懼會引發冒險

「這一個辯論的問題之一是，低估了中國一直以來奉核武存活為圭臬的重要性。在冷戰時期，中國致力保護其核武不受最可能的敵人——蘇俄的銷毀性攻擊。中國將可以達到蘇俄的中程飛彈布署在移動發射架上，還有一些則藏在山洞中。當中國領導人發現美國在發展更為精確的核子和傳統武力後，他們覺得有更大的壓力來擴增和保護其武力。樂觀者的論點也沒有注意到中國領導人在危機時期可能選擇提高武力警戒而無意間升高對抗。台灣情勢呈現一種基本的危險，力量的平衡有利於美國，但勢力的平衡有利北京。不像美國希望其軍事優勢可以阻止中國攻擊台灣一或者至少阻止中國

將戰爭升高到核戰，中國可能有理由假定，他們致力防止將中國領土分裂出去的努力，最後會迫使美國讓步。

「最後，認為美國擔心失敗風險而絕不會考慮割除手術式的攻擊，那是低估了在危險時的恐懼力量。面對中國十八個升高警戒的洲際飛彈，美國領袖可能採取在平時認為過於冒險的行動。當然，軍事演習不是戰爭。我們不可能知道不管是為了台灣或其他事故發生的核子對抗，在實際情況中會如何演變。同樣困難的是不知道中國領袖如何決定他們的嚇阻方式。但是如果認為中國以擁有少量的核子武力庫便感到滿足，同樣是可怕的錯誤。當中國成為一個真正的大國，對全球利益採取更深入的關注，而當美國軍事準備──傳統的或核子武力──更加以中國為目標，北京的領導人對於生活在美國核子優勢陰影下的日子會越來越感到不安。

「美國面臨的基本困難是，她正在進行的核子優勢努力，是解決的辦法也是問題的所在。核子優勢應該是美國在未來的爭執中可用的王牌，使美國有以安定友邦，並向潛在的敵人施壓。但也可能引發新的武器競賽，並形成美國的友邦，以及敵人都不能承受的壓力。」（Sept. 2007）

十、和平崛起或相與爭鋒
——中國飛彈擊毀衛星後的省思

　　中國的經濟和軍事力量相繼壯大之後，為了營造一個和諧的，善意的國際環境，一直強調和平崛起和後來的和平發展。但是由於其軍力發展和決策的不透明，西方國家對中國的國際政策總是感到懷疑，特別中國今年元月間發射彈道飛彈擊毀一顆氣象衛星後，更使西方國家對中國的軍事發展感到憂心。美國《外交雙月刊》對相關的問題提出了評論。

　　這家雜誌在一篇以〈中國的太空之旅〉（China's Space Odyssey, May-June, 2007）的評論中說，大多數的看法認為這是給美國軍事力量的下馬威。北京的戰略家一直辯稱，中國需要發展不對稱軍力來縮小與美國軍力的差距，和應付台灣海峽可能的衝突。由於美國現在大量依賴太空資產作為平時通訊中繼，戰時作為戰場預警，目標鎖定，情報蒐集和偵察等功能，中國的飛彈攻擊可能向美國顯示如何用簡單的方法克服美國的優勢。

　　其他分析家認為，這種測試不過是要引起國際間注意，爭取建立禁止太空武器競賽協議一個笨拙的嘗試。十年以來，特別是美國加速發展飛彈防禦計畫和布署之後，北京不斷要求加入聯合國裁軍會議，制定禁止太空武器的多邊條約（叫做 Prevention of an Arms Race in Outer Space, PAROS）。但是美國一直拒絕此種協商，因為擔心會限制美國在太空的優勢。

　　不過這兩種解釋都引起懷疑。為什麼北京要在此時做這種測試？為什麼中國在致力建立一個和平崛起和負責任大國形象的時候要做出此種挑釁的動作？中國針對的目標為何？

中國目標令人擔憂

真正的答案可能很簡單，也更令人困擾。直接來說，北京的右手可能不知道左手在做什麼。人民解放軍及其戰略飛彈部隊可能沒和國家安全及外交政策機構諮商便進行了這種反衛星飛彈試射（ASAT），而透露出來的訊息是中國的軍事野心和武器管制目標更令人感到擔憂。

解放軍自行其是這並不是第一次。2001 年 4 月，中國一架戰鬥機和美國 EP-3 偵察機相撞後，中國軍方顯然沒有將事件細節提供給北京，特別是外交部門，因而增加中美雙方解決危機的困難。同樣地，2003 年初「SARS」（嚴重呼吸道病症）發生時，解放軍首先在廣州軍醫院封鎖此一消息，不報給文人政府。一直到北京一名軍醫對媒體透露說北京軍醫院有 60 多名 SARS 病患和 6 人死亡後，北京政府才全力動員對抗此種傳染病。

即使到今天，在中國列寧式的制度中，資訊還是一種有高度價值和很少分享的資產。中國政府是一個封閉的組織，各機構間最重要的資訊往往經由最高首長來傳達，工作階層的橫向資訊連繫是很少的。事實上，中國的官僚體系造成各單位保護其資訊以免其他競爭單位利用來增加本身的功績。中國軍方本來就有很大的自行其是的空間，現在仍然是特立獨行的機密組織。

中國反衛星飛彈試射後，外交部長李肇星十天後還說沒收到證實的資訊。直到兩個星期後，外交部才提出簡短聲明加以解釋。不管實情如何，這種試射只會增加對中國潛在的軍事威脅日增的關心。副總統錢尼曾說，反衛星試射和中國軍力的高速度繼續增長……和中國聲明的「和平崛起」目標並不一致。國防部長蓋茲說，

這個事件令人困擾。亞利桑那州聯邦參議員基爾（Jon Kyl）更說，這是一種「威脅」，「挑釁」和「警鐘」。

這次試射似乎出於美國意料之外。數年來，中國核子戰略家曾私下警告美國對手，稱解放軍將獲得反衛星能力。但 2006 年五角大廈在解放軍的現代化報告中似乎低估中國的能力，宣稱中國只能以裝有核子彈頭的飛彈來摧毀一顆衛星，但中國解放軍卻能成功地追蹤，以直接運動接觸的方式擊毀一顆不用的氣象衛星，表示其能力超過美國的預估。

影響太空安全

這種體認當然會更加促使美國注意中國的太空計畫。ASAT 已經為美國飛彈防禦計畫和發展，保護其太空資產免於受到中國或其他國家的威脅注入新 的動力。同時，對於加強管制和限制高科技到中國，特別是太空和資訊技術方面，也提供了更強化的說服力。

ASAT 試射也對中國是否能成為環球夥伴的可靠性投下陰影。很多消息靈通的觀察家認為，中國的動作已經比其他任何太空作業在太空散布了更多的殘屑，將在未來數十年內對中國自己，以及其他國家的太空衛星造成危險。因而對衛星的民用功能如天氣預測，金融轉帳和電話傳送等造成問題。

這些問題當然對中美關係的發展有不利的影響。即使在 ASAT 試射前，中美關係已經進入比較困難的階段。雖然兩國在過去兩年致力維持了比較穩定的關係，但新的問題繼續發生。美國現在更加注意中國諸如在東南亞和非洲的外交活動。民主黨控制的國會也要求布希政府在一系列經濟問題上對抗中國，自日漸增加的貿易逆差到中國對匯率的操縱，以及智慧產權被侵犯。在布希任期所剩不

多，美國大選日漸熱烈之際，不管左派或右派候選人必將對中國人權紀錄和強化軍事力量加強抨擊，並要求白宮做出更強硬的反應。

ASAT 試射對中美兩國略有進步的太空關係已然造成傷害。布希和胡錦濤 2006 年 4 月在華府高峰會時曾同意加強兩國太空合作關係，國會一個代表團去年夏天曾參觀中國一個飛彈試射場，國家航太總署（NASA）負責人在去年九月訪問中國，這在兩國歷史上都是第一次。這一類合作現在都已無法繼續。

美國對這次試射明顯的關切是中國的軍事企圖和殘屑環繞地球造成危險，此外還引起一些更為廣泛的戰略問題。中國政策制定缺乏透明度會不會對其日漸複雜和更加野心勃勃的外交和安全政策造成困擾？表面上代表中國的談判人員實際上很多事情會不會被蒙在鼓裡？這個世界能期望北京成為一個負責的成員，或者還有更多令人擔心的意外？

決策缺乏透明

多年來，中國的外交精英曾討論設立一種國家安全委員會來協調日常的外交和安全政策。有人認為外交部副部長戴秉國是領導這個組織的適當人選，因為他是中國共產黨國際關係部資深幹部也是共產黨中央委員，有能力溝通國家安全和外交體系的事務。不過也有人懷疑戴有足夠的權威來有效執行這個任務。更重要的是，解放軍有沒有準備將重要資訊或者決策權力交給一個諮詢程序。如果中共黨內未來有更大的派系對抗，這種機制將更加無用。

同時，在華府或其他重要首都，認為中國在國際體系中將扮演一個負責任股東的希望也越來越濃厚，就像前美國副國務卿佐力克所說的一樣。但像 ASAT 試射或其他類似的發展所顯示，中國政府

某一部門所提出的明確的保證，會不會被另外一個部門所否定，以致受到嚴重破壞。這不是一個新的問題，也不是只有中國政府才有這種情況。但是今天的中國已有舉足輕重的重要性，如果發生任何破壞性的事件如致命性的傳染病，毒性環境災難，不安全商業行為，將對中國以外產生較任何時期為嚴重的戰略影響。

不管好壞，即使華府和北京越來越相互防備，他們的未來將注定會相互糾結，而他們的關係將在未來數十年深遠影響國際安全和榮衰。但是如果兩個國家內部決策不能有效協調並深思熟慮，或者兩國間的溝通不良，不可預期的意外事件可能迅速演變得失去控制。特別是涉及兩國的軍方或者軍事性質的事件，因為這兩個強權本來就在為可能的衝突積極準備。

對北京來說，預防溝通失誤就要更有效管制發送給鄰邦和美國的信號。如何顯示更大的意願來打破傳統的各自為政的官僚體系，建立更有效的協調程序，賦予外交和安全體系重要幹部共同應付國際對手的責任，加強管制解放軍，這都是領導層的責任。同時，美國及世界其他國家正在等著看中國到底要扮演那一種伙伴。（獲得 Foreign Affairs 授權譯用 8-23, 2010）

十一、冷眼看香港回歸

中華民族一百五十年的喪權屈辱，可說是從 1848 年中英鴉片戰爭，割讓香港、九龍為開端。現在在新界九十九年租期屆滿之時，中共乘勢收回香港，實施「一國兩制」，洗刷了次殖民地的最後一個汙點，理應是海內外所有華人引以為傲的大事，應該歡欣鼓舞，同聲慶賀。

然而，從另一個角度來看，為什麼中國的香港和澳門兩個殖民地拖到現在才來解決？當今之世，還有那個大國的領土是外國的殖民地？中共把香港問題拖到不能再拖的時候才以「一國兩制」的方法來解決，似乎是情非得已，用不著如此大吹大擂，認為是驚天動地的功業。

二次大戰之後，非洲和亞洲殖民地紛紛獨立，或回歸祖國懷抱，這已經是沛然莫之能禦的歷史潮流。照國父孫中山先生的說法，清末民初的中國是一個次殖民地國家，列強在歷次戰爭中要求割地賠款、設置租界、領事裁判權，予取予求，任意凌辱。國民黨北伐成功及二戰期間，國民政府取消了多種不平等條約，收回租界及台灣、東北等失地，但以當時內亂頻仍，香港和澳門問題仍未解決。

1949 年中共以秋風掃落葉之勢取得政權後，毛澤東於當年十月一日在天安門廣場上振臂疾呼：中國人站起來了。當時何等令人興奮驕傲，意氣風發，很多人流下激情、興奮的眼淚，因為中國可以不再受欺凌了。

　　但是中共仍然沒有收回香港和澳門，為什麼？因為現實主義的英國政府迅速承認中共政權，是西方大國第一個承認中共的國家。而那時中華民國政府是聯合國會員國，又是安理會常任理事國，受到全世界大多數國家的承認，而中共只有少數共產國家的朋友。

　　此後香港又成為中共會下金蛋的母雞，每年為窮困的中共政府帶來可觀的外匯。在現實利益和感恩圖報的考慮下，中共便一直沒有對香港採取行動。

　　或者說，香港、九龍割讓英國有租期限制，租期未到當然無法收回。其實，香港的租借可分三個階段來說。首先是 1848 年的鴉片戰爭，將香港本島「永久」割讓給英國。其後是 1859 年的英法聯軍攻入北京，簽訂北京條約割讓九龍半島。最後是 1898 年依照協議，英國取得九十九年租借權。

　　如果嚴格依照條約，香港本島還能收回嗎？國際間的不平等條約，自可通過談判，甚至武力來解決，這不是能不能的問題，而是做不做的問題。

　　印度在 1961 年以迅雷不及掩耳的手段奪回葡屬果爾。埃及在 1956 年七月，依照國有化法案，從英國手中奪回蘇彝士運河管理權，哪一件是依照條約來行事？還有，阿根廷認為英國屬地福克蘭島是他們的領土，1982 二年逕自出兵佔領（雖然後來被擊敗），也沒有人認為是侵略行為。印度能、埃及能，甚至阿根廷也能，為什麼中國不能？

　　其實，中國曾多次想收回香港。1919 年第一次世界大戰結束時，西方列強在巴黎舉行和會，北京政府代表提出收回香港、九龍，戰勝的英國和法國對這一要求置若罔聞。其後在 1921 年十二月舉行的華盛頓會議上，中國代表顧維鈞又提出同一要求，受到英、日

等國的聯手反對。第二次大戰快結束時，蔣委員長舊事重提，英國首相邱吉爾甚至說，要收回香港除非從他屍身上踏過。

由此可知，收回港九是中國人一貫的目標，不過，二戰以前由於當時的主客觀情勢無法完成心願，但是一個「站起來的中國」、擁有核子武器的共產主義大國，竟在臥榻之旁，容忍他人鼾睡數十年，這就不能不令人驚異了。

中共建政前數十年，進行了各式各樣的運動和整風，殘殺異己，迫害知識份子，推行各種違反科學、人性的政策，弄到現在人口大幅膨脹，生態日益惡化，不但仍然是世界平均所得最低的國家之一，甚至還有上億人口不得溫飽。相對於只有彈丸之地的港九，英國人都能建設成一個民主樂利，經濟繁榮的明珠，中共收回後還要維持它的原本制度。在這種情況下，一切批評香港殖民政策或不民主作風都是多餘的了。（世界副刊，July1997）

十二、中華國協光大華人世紀

日本學者大前研一去年年底出版專書,認為海峽兩岸將於 2005 年組成中華聯邦,這種說法不僅在台灣沒有市場,中共當局也不會期望這麼快就有這樣理想的結局。以國家型態來說,聯邦最接近獨立國家,聯邦政府享有軍事、外交和行政大權,聯邦憲法高於一切法律,現在的美國、加拿大、德國以及馬來西亞都是這樣的國家組織。而邦聯是幾個獨立邦根據一個國際條約而組成的國家聯合,在各邦之上設立一個政府機構,其目的在維持各邦對外對內的獨立。邦聯不是一個真正的主體,每一個邦仍保持他們各自獨立的地位。而我覺得,要在目前建立兩岸穩定的關係,便利兩岸航空海運順利展開,經商訪問更加便捷,貨物交流更加暢順,相互投資,人才交流,文化體育互動更加蓬勃展開,從而促進兩岸經濟發展,失業率大幅下降,造就了新一波的中華經濟奇蹟,國協組織也許是一個值得考慮的方向。

所謂國協式(Commonwealth)國家組織是會員國尊奉一個共同的虛位元首,但各自設置有充分自主權的總理主持國政,在外交、軍事和內政上都有完整的自主權。會員國之間設置的外交代表不稱大使,而稱為高級專員,會員國之間人民來往仍須申請簽證,貨物交流亦按協議規定繳納關稅,會員國之間定期舉行總理會議,協商對國際問題的立場,但並不受到拘束,甚至會員國之間亦可有對立的歧見。

海峽兩岸目前是僵持對立的關係,交通、交流都沒有適當的法則來規範,還不時因為一些意外事故或領導人的言行引起劍拔弩張

的緊張氣氛，中斷了十年的會談也無以為繼。為什麼會造成這種僵持的局面，也是公說公有理，婆說婆有理。不過平情而論，務實一點的作法是，應該放棄有前提的會談立場，雙方平心靜氣坐下來，協商一個可大可久、互贏互利的國際關係。中共當局每次提到會談的條件時便提「在一個中國的原則下，雙方任何問題都可以談。」要知道任何有前題的談判都不是平等的、公正的談判，這是談判的基本原則。這「一個中國」便是如來佛的緊箍咒，只要你戴上了，你便逃不出如來佛的掌心，因為其他項目不過是技術性的枝節而已。

台灣和大陸的分隔是歷史造成的事實，自從國府 1949 年退處台灣以來，雙方隔海而治已有五十多年，是事實上的兩個國家，在制度上、觀念上和文化上都產生相當大的差距。強迫兩個不同型態的社會合併，只會造成不便和經濟上的不平衡。而組成國協式的邦聯是台灣的讓步，因為台灣要放棄總統的稱謂而改稱總理。如果中共堅持台灣是中國的一部分，堅持不放棄以武力統一的原則，那便是內戰的繼續，勢必引起烽煙四起，腥風血雨的戰爭，不僅台灣胼手胝足辛苦數十年得來的康樂社會要毀於一旦，大陸開放經營的經濟建設也要倒退廿年。中共建政以來浪費了卅年時間從事各種運動和鬥爭，到七〇年代還是一窮二白，如今經濟建設已有成效，人民生活獲得改善，有何條件來忍受廿年的倒退，再陷生民於水火？對日抗戰八年，中國受害之深，生命財產損失之鉅是史無前例的，中日兩民族也可以不記前仇，向前邁步，兩岸的鬥爭何以會沒完沒了，一定要爭個你死我活才會干休，豈真是本是同根生，相煎何太急！

中共當局打出的王牌是民族主義的大纛，他們振振有詞的口號是國土不容分裂，國家必須統一。可是所謂分裂國土是指由他國強佔或侵奪所失去的土地，如果由居民公決，這是自主意識的表現，也是二次大戰以後的國際潮流，現在爭取獨立的加拿大魁北克，西

班牙的巴斯克和蘇聯解體後獲得獨立的十多個國家，都是爭取獨立自主的例證。

或者說，大陸和台灣是同一個語言和文化的民族，應該是一個統一的國家。可是我們看一看，有五億多人口的英語民族有幾個國家，西班牙語民族有幾個國家，法語民族有幾個國家。英語國家除了母語非英語的亞、非國家外，至少有英國、美國、澳洲、紐西蘭、加拿大、南非和愛爾蘭等國家。特別是愛爾蘭，也是和英國隔海相望，和英國有血脈相連的關係，並且一直是英國的一部分，但是他們經過多年的奮鬥，終於在 1949 年獲得獨立，也沒聽說英國要血洗愛爾蘭。德國和奧地利是語言文化相同的民族，普魯士諸邦曾受到奧地利的統治。但是普魯士在鐵血宰相俾斯麥的治理下，於 1870 年代獲得統一，成立德意志聯邦。法國和比利時也是語言文化相同的兩個國家。所以文化語言相同的民族不一定必須是一個國家。天要下雨，娘要改嫁，只要是出於居民的志願選擇，只要有利於國民的福祉，一個國家或幾個國家並不是必須考慮的問題。

再從國際社會的實際功能來說，大英國協有印度、加拿大等廿一個國家，法蘭西國協也有十三個會員國，他們在聯合國及其他國際問題上聲氣相通，採取一致的立場，往往形成一股力量。十三億華人為什麼在聯合國只有一票？如果成立中華國協，將來納入新加坡或其他有意加盟的國家，必將成為國際上一股新興的勢力，真正創造一個華人的世紀。

有人擔心，台灣可能會受到外國勢力的操縱，對中共採取敵對的態度。兩岸畢竟是同文同種的民族，有血濃於水的關係。台商到大陸發展，呼風喚雨，來去自如。我親戚的一個台商朋友，在上海經商有成，用大禮車接待貴賓、親友，招搖過市，大小職員跟前跟後一呼百諾。這還只是一般成就的台商。大陸同胞偷渡到台灣有如

走後門，被抓後動不動就罵警察，罵官員，罵台灣人，不是抱著自己人的心態，大家有這樣自由，這樣方便嗎？中共現在應該擔心是改善自己的政治經濟，積極推行民主制度，真正還權於民，不要再故步自封，說什麼中國特色的民主，因為民主是普世的價值和標準。中共憲法就規定是由共產黨領導，各黨協調，口口聲聲四個堅持，三個代表，畢竟時序已進入廿一世紀，中國大陸也逐漸成為民智大開的社會，這種專制獨裁的愚民思想終將失去效力。中共如能改善政治，發展經濟，以台灣在貿易上對大陸的依賴，政治上在聯合國有賴於中共的協助，再加上同文同種，投資貿易的密切關係，台灣想擺脫大陸這個緊箍咒也不容易。只要中共領導人能發揮仁者以大事小的胸襟善待台灣，讓台灣有自己的國際空間，華人最美好的時光（The finest hour 邱吉爾語）就會來到。（於洛杉磯，2002）

十三、寧要核子，不要褲子

　　北韓選在美國國慶日試射飛彈，是典型的「寧要核子，不要褲子」的做法。北韓是目前世界上僅有的一，兩個仍然死抱著共產主義的小國，人口約二千二百萬人，人均所得不過一千美元左右，相較於南韓的兩萬美元人均所得，簡直無法相比。即使和中國的四千多元，也是相差巨大。北韓經濟落後，人民生活困苦，有機會便想外逃到南韓或中國大陸，以這樣的一個國家，還要張牙舞爪，發展飛彈和核子武器，所謂何來？

　　北韓的心態是不滿美國主導的六方會談，壓制它的核武發展，希望和美國直接談判，爭取外交、經濟上的利益。可是如果不放棄共產主義和制度，提高整體生產力，經濟能夠好轉嗎？俗話說，救急不能救窮，不從制度上來改進而希望不勞而獲，根本不切實際。

　　至於說北韓擔心美國攻擊而發展核武，不過是一種藉口，實際上是要行使核子勒索，達到政治目的。美國攻擊伊拉克是基於反恐作戰的需要，而且伊拉克孤立無援，打了以後不會引起複雜的國際反應。北韓夾在中國和俄國之間，而且和兩國維持友好關係，任何對北韓的主動攻擊，不可能不引起兩國的反應。

　　再以北韓的飛彈能力來說，目前只有中短程的蘆洞和大浦洞一號，這次試射的大浦洞二號並沒有成功。就說試射成功了，射程六千公里，北韓敢向誰發動攻擊？如果阿拉斯加或者夏威夷受到攻擊，美國只要向平壤和北方各射一枚核彈，北韓便要從地球上消失。金正日敢冒此大不韙嗎？即使向日本或南韓攻擊，北韓也必須

承受引起的一切後果。因此北韓這次試射，並沒有實際上的意義，美國和日本的表態，不過想乘機抑制北韓，而中國目前對美日是採取對抗的政策，基本上和北韓的立場是一致的，如果北韓能夠讓美日「憂心」，她也只有「樂觀其成」了。(《世界日報》民意論壇 July，2006)

美國生涯

一、美國萬稅！

百年之後要付遺產稅聽過，買名車要付奢侈稅？

這下子你服氣了吧。

俗話說，有兩件事你是躲不掉的：死亡和稅。死亡倒好，在沒有發生前，你根本無從去憂心，但是稅却如影隨形地跟著你，會隨時隨地給生活帶來壓力，造成影響。

有一派政治理論認為，政府都是依賴他人生產的剩餘價值而生存的，你看過政府人員從事任何有意義的生產活動嗎？這表示他們要用和平的，或強制的手段掠奪別人生產的財富，來維持龐大的行政體系，從事美其名服務或福利的政治工作，徵稅因此成為政府天經地義的權利。

徵稅天經地義

所有的政府，不管是民主體制或極權制度，在某種程度上，都具有專權、獨裁的性質，即使是民主典範的美國也不例外。譬如，你必須遵守政府制訂的各種奇怪荒誕的法規；你有服兵役的義務；當然，你更必須按時繳稅，遲一天都不行。

美國各種稅目可真是洋洋大觀，令人目不暇給。從聯邦到州以至地方政府，各自巧立名目，徵收捐稅，有的你是知道的，有的可能你根本聽都沒有聽說過，但也糊裡糊塗付了稅金，如果美國是萬稅之邦，恐怕離事實也不太遠。

　　以聯邦來說，最令人敬而生畏的，當推所得稅了。目前聯邦所得稅率，依照收入多少，分別為百分之十五，百分之二十八及百分之三十一。（目前最高已增加到百分之三十五，作者註）以平均百分之二十來說，你辛辛苦苦所賺的薪資，有五分之一要奉獻給山姆大叔。再加上州約百分之十的所得稅，你每月的實質收入，可能要減少四分之一到三分之一。

稅目洋洋大觀

　　以年賺三萬美元的大學畢業生來說，每月平均有兩千五百元。聽起來還算不錯。但七折八扣下來，實際能拿到的不過一千七、八百元。在這筆收入中，他首先至少要付四、五百元的房租，因為大學畢業還和父母同住的乖乖牌，其稀少的程度，至少可比美非洲的犀牛，或是中國的熊貓。

　　其次，他必須分期付款買一部車子，每月至少要兩、三百元。買了車子就必須保險，年輕人保費貴，每月一百五十元恐怕是最低的估計。另外他可能還得歸還學生貸款每月一百元左右。零零總總，他實際能運用的不過七、八百元，加上衣著應酬，汽車維護，能維持生活就算不錯了，還談得上什麼儲蓄投資？

　　大學畢業生既然如此，收入更少的勞工大眾，以及一般公司行號苦哈哈的普通職員，其捉襟見肘，窮於應付的苦況，也就可想而知了。

公僕食指浩繁

　　但是聯邦政府可管不了這麼多，不管你收入多少，稅金先扣了再說。也難怪，山姆大叔家族食指浩繁，負擔沉重，沒有錢怎能維持呢？

　　談到聯邦政府開支浩大，連年赤字，重要原因之一可能是聯邦的官僚體系像滾雪球一樣越滾越大，而工作效率卻越來越差。聯邦的軍公人員，加上州及地方各級公教人員，總數已超過一千七百六十萬人，差不多每六個有工作能力的美國人，就有一人是不事生產的公職人員。

　　聯邦公職人員待遇優厚，工作輕鬆，並且受到公務人員任用法的保障。不得任意解雇，是不折不扣的鐵飯碗。這是為什麼華府中等收入家庭遠較紐約或洛杉磯為多的原因。

　　公職人員不僅年年加薪，更有優厚的退休制度。軍人服役二十年就可退役，支領百分之六十以上的退休俸，另外還可領社會安全金。

　　國會議員「加薪絕不後人，」現在年薪已超過十二萬五千元，退職時可支領最後薪資百分之七十五的退職俸，每人還雇用四、五名年薪五、六萬元的助理。聯邦法官更可支領百分之一百的退休俸。這些退休給付甚至不是出自職工本身的儲存，而是來自國庫。

　　「生之者眾，食之者寡，而財恆足矣，」現在的美國則剛好相反，難怪經濟發展沉滯，復甦腳步緩慢。

　　聯邦救濟、社會安全給付開支浩大，是造成支出有增無減的另一個原因。一個悲哀的現實是，福利已經成為這個國家生活方式的一部分，很多人領了福利金去參加派對，飲酒作樂，還大吹法螺，表示他辦法多端。

社安雪上加霜

　　社會安全制度除社會安全給付外，還有補助性社安給付、醫療補助、家有未成年兒童補助辦法，婦女、嬰兒、兒童補助食物方案、食物券計畫及福利、住房補助、失業救濟等。全國有四千多萬人同

時領取各種不同的福利及社安支票,其總金額佔聯邦預算的百分之四十五,也就是說,你每付兩元稅金,就有一元是用在社安和福利方面。

此外,聯邦還有將近一千個各種補助及貸款計畫,用來協助科學家、藝術家、低收入住宅計畫、小商業、學生、退役軍人、醫院、學校以至農民、漁民。很多貸款其實像肉包子打狗,一去不回。目前積欠聯邦的各種貸款已高達二千多億元。前聯邦參議員早川雪在參加預算委員會時,對福利補助的濫支深感驚異,他說美國公民應該修改憲法,將政府的主要功能改為「財產重分配」。

聯邦有所得稅,有自主權的州也有所得稅。不過由於州所得稅較低,不足應付所需,因此要用銷售稅、營業稅及地產稅等來補充。

加稅奇招百出

全美國除阿拉斯加和奧勒岡少數幾個州外,都要徵銷售稅,稅率最高的紐約州有些地方達到百分之八點五(紐約市為八點二五)。加州也急起直追,現在依照各縣市附加稅的多少,自百分之七點二五到八點二五。(洛杉磯已增加到百分之九點七五,作者註)也就是說,你每花費一百元,便要多付將近十元的額外費用,一個中產家庭每年可能要多付一千元的銷售稅金,負擔不可謂不大。

民以食為天,這是普天下的真理。為體恤民生,買回家的食物原則上是不收銷售稅的。可是有黃金州之稱的加州近幾年實在太窮了,五百多億元的預算竟出現將近一百億元的赤字,因此不得不在實物分類上下工夫,要決定那些是真正民生所需的食物,那些是旨在滿足口腹之欲的零食,並從一九九一年起徵收並非是真正維護健康所需的食品的銷售稅。

可是，這種分類太令人困擾了，譬如，巧克力糖不是食物要徵稅，甜甜圈不徵；汽水要付銷售稅，果汁不要；炸薯片要徵，蘋果片不要；核果類不要，加了糖的核果要徵……這樣的分類把商家的頭都弄昏了，加州居民也非常不滿，因此在一九九二年大選時表決取消，恢復所有可以下肚的東西都不要付銷售稅的傳統……

當然，成藥例外。

不動產稅是另外一個令人頭大的稅目。山姆大叔鼓勵人們購買住宅，實現他所稱的「美國之夢」，但是到了年底稅單一到，你的美國之夢也可能變成一場噩夢。美國大多數州的不動產稅率大約為房值的百分之一，每年依照估值或交易而調整。以加州來說，如果你買一棟二十萬元中等價位的房子，房產稅應該是二千元，但是各縣市往往加上各種特捐如公園道路捐下水道捐消防警察捐學區特捐等，最後可能要二千五百元才能擺平，相當於一名普通職員未扣稅前的一個月的收入。

這些大稅付了之後，你以為應該天下太平了吧。沒有，還早得很呢。

生活處處皆稅

你投資、股票賺了錢要付資本利得稅。百年之後要付遺產稅。購買三萬元以上好車要另外付奢侈稅百分之十。此外你買汽油、菸、酒要付比銷售稅高出許多的消費稅，因為聯邦及州都要分一杯羹。

在加州，州政府及地方政府還要分別徵收公司、銀行所得稅、保險稅、營業稅、公用事業（水、電、瓦斯、電話）附加稅、汽車牌照稅、能源稅、危險廢物處理稅……等二十一種稅。總之，你每付一筆錢，其中就可能包括稅金。

加州最奇特的一項稅目是所謂使用稅。如果你從海外或外州購買價值超過四百元的物品如衣飾、珠寶、電子產品、化妝品、汽車等到加州來使用，為免使本地零售商受到不當競爭，你得付和銷售稅率相同的使用稅。至於州府如何知道你帶物品回來呢？原來他們會根據你在海關申報的資料，用電腦來追查補收。據說，每年也可增加六百多萬元的收入呢。

如此這般，上窮碧落下黃泉地徵稅加稅，你不服也不行。(《世界周刊》Mar. 1995)

二、隱私權在哪裡？

　　住在南加州的韋爾遜，有天接到電話帳單，發現有幾通打到科羅拉州的電話，號碼和地方他根本沒有印象。在好奇心驅使之下，便依號碼撥了過去，要看看究竟是怎麼一回事。

　　對方接了電話之後，老韋便問，你認識叫麗莎的女子嗎？「當然，她是我老婆，現在住在南加州。」接著便解釋，他老婆在南加州工作，現在是和親戚同住等等。

　　老韋一聽，火冒三丈，怎麼自己結婚兩年的太太竟是別人的老婆？終於這一件一馬雙鞍的糗事才給抖了出來。

　　加州一家公司的一名主管老威身體看來不錯，也常常慢跑運動。不幸，有一次體檢查出帶有愛滋症病毒。他以為這件事神不知、鬼不覺，只要他的身體撐得住，應該還可以繼續幹下去。想不到沒有多久就遭到公司解雇，因為保險公司獲知他的病情後通知雇主，如果不解雇老威，他們便要拒絕承保。

　　美國是個資本主義的社會，對於個人財務上的能力、信用好壞，也就特別注意。不管是你的房屋貸款、汽車貸款、信用卡欠帳，乃至在百貨公司分期付款購物，都有專業的公司替你詳細收集資料，登記在案。有些資料可能連你自己都不知道或已遺忘，但他們有本事追根究底，涓滴無遺地加以收集。

　　俗話說，若要人不知，除非己莫為。這句話可正是在美國生活的寫照。在電子科學、電腦技術突飛猛進的現代社會，收集資料的技巧和能力大為增加。我們個人的一舉一動，財務上的借貸盈虧，

身體有無病變，幾乎成為公開的秘密。所謂隱私權，已經像是二十世紀的神話。

　　你打出去的電話，依照短距離、長距離、國際電話，分門別類，統計得絲毫無誤。通話時段、時間長短、以及打給何人，也記錄得完完整整，好像有一隻看不見的神眼，在監視著我們做的一切。如果你想乘太太或老公不在家，打個電話找老情人聊聊天，敘敘舊，最好還是死了這條心。

　　你的信用、財物紀錄，這才是眾所矚目，人人要得而窺知的「機密」。美國有所謂收集個人財務信用紀錄的「三大」公司，那便是TRW、泛聯（Trans Union）和 Equifax，其中前兩家總部設在南加州。可以這麼說，全美國的兩億五仟萬人，除了十八歲以下的未成年之外，絕大多數居民的信用財務資料，都掌握在幾家收集公司的手中。

　　以 TRW 和泛聯來說，各有相等於數百萬台蘋果牌個人電腦的儲存量，每家儲有一億多人的檔案資料。有些資料可能少到只有姓名、地址、社會安全號碼，有些資料可能堆集得和當事人一樣高。

　　這些資料每天在不斷地更新，不斷地修正。你各種貸款、分期付款有欠帳？他們有紀錄。你申請破產，房屋被沒收，五、六個債主吊在半空不上不下，當然他們更會登記在案。甚至你申請貸款被拒，子女信用卡使用情形，也都列在紀錄上。

　　另外一方面，你良好的信用行為，如按時歸還各種貸款、分期付款，金融公司、信用卡提供的信用限額，也照樣會登記存查。

　　誰提供這些資料給信用收集公司呢？是銀行、金融機構、大百貨公司、郵局、法院以及其他政府機構。很多資料是免費提供的，因為他們認為，各種個人資料越完善，也就越有利他們將來的作業和業務，減少財務風險，也可以說，這是一心要制服消費者的合作行為。

你的醫療、健康情形，也受到很多機構的關注。根據「美國醫療協會」的統計，除健康維護組織外，另外還有十二個機構如雇主、保險公司、聯邦政府、信用收集公司及教育機構要收集個人資料。美國有一個叫做「醫療資料局」的專業公司，從美國、加拿大的醫生、醫院蒐集了一千二百萬人的健康資料，待價而沽。

在「美好的老時代」，醫生對醫療紀錄守口如瓶，絕不輕易透露。可是現在的醫生只有憑他們良知和道德來維護這些機密了，因為聯邦對醫療機密的保護，可說徒具形式。國會在一九八一年十二月討論通過保護醫療紀錄的法案，可是這個法案大加縮水，允許醫生將資料提供給「機密服務局」及其他情報機構，醫生及醫院也無法向保險公司隱匿病情，因此，健康資料滿街飛，已是不得不爾的現實。

至於對隱私權的保護，有些州訂有法令，但很少認真執行。事實上，各級政府蒐集各種個人資料不遺餘力，可說是最大的資料收集公司。

你的基本資料存在聯邦普查局。你的收入、財產、盈虧國稅局瞭如指掌。各州車輛管理處有你的駕駛紀錄。移民局有你的移民資料。如果你跟聯邦調查局或其他執法單位打過交道，保證讓你跳到密西西比河也洗不清你的紀錄。

聯邦有一百七十八個機構，共維持兩千個資料庫。聯調局一九六七年成立「全國犯罪資料中心」，統一協調全國罪犯資料收集工作，並與美國和加拿大六萬四千個執法機構交換資料。本來這個機構只收集定罪罪犯的資料，現在變本加厲，舉凡涉嫌被補、政治意見極端、特異獨行值得注意者，都是他們收集的對象。這個中心每年要花二十億元建立基因資料。

美國直接推銷商業的競爭日趨激烈，也助長個人資料收集的氾濫。雜誌社要向雜誌訂閱服務公司拿到客戶訂閱雜誌的傾向，向他

們推銷雜誌。持有美國運通卡、各種金卡、老饕卡的人，一定是高消費客戶了，向他們推銷珠寶、皮毛、貴重衣物準沒錯。你買了房子，那正是推銷室內裝潢、地毯、傢俱、警鈴乃至房屋保險、貸款保險的好機會。總之，像在美國這樣一個工商掛帥的社會，商業推銷如水銀瀉地，你的一舉一動是逃不過他們的耳目的。

　　所有這些資料都是很容易獲得的。譬如，只要你有社會安全號碼，便可以花幾元美金，查到這個人的信用紀錄。美國各地方政府檔案處的房地產資料是公開讓人查閱的，如房主為誰，何時成交，價格如何，都一目了然。全美國還有兩千家左右信用資料服務公司，專門向不動產公司、貸款公司、金融機構提供個人信用資料。

　　美國資深記者傑夫瑞‧羅斯費德（Jeffrey Rothfeder）著有一本叫做《隱私權待售》（Privacy for Sale）的書，對於隱私權受到侵犯有深入的報導。他在書中說，個人資料現在已經成為一種商品，你只要花一點工夫，便可獲得任何人的個人機密。他就在不太費勁的情況下，獲得副總統奎爾和電視主播丹‧若瑟的個人資料。

　　美國是一個最注重自由及隱私權的國家，可是，我們的隱私權在哪裡？（世界副刊 Jan.1993）

三、美國
——人間樂土？犯罪天堂？

根據美國司法機構的統計，美國的犯罪率已三年連續下降，包括謀殺、搶劫和強暴在內暴力犯罪率，是 1989 年以來最低的一年。以謀殺罪來說，每十萬人有九名謀殺犯，也是 1989 年以來最低的一年。

即使這種說法屬實，可是和其他工業化國家比較起來又是如何呢？以日本來說，他們每十萬人的殺人和暴力犯只有一點五人。德國自東西德統一後犯罪率增加，可是每十萬人的謀殺犯也只有二點五人。

以每十萬人有九名殺人犯來說。美國每年大約有二萬三千件左右的謀殺案，而每一件殺人案的被害人往往不只一人，也就是說，美國每天有七、八十人要血流五步，慘被殺害。

美國的暴力犯在各種地方殺人；心懷憤懣的職員帶槍到辦公處點名處決，見一個殺一個，見兩個殺一雙；狂漢拿著自動武器到校園，向操場上的學生開槍橫掃，伏屍成群。暴徒在餐館、工廠、通勤火車、街頭巷尾、無處不是他們大展身手、殘殺無辜的地方，說美國全國有如殺戮戰場，大概也不過份。

這還只是兇殺犯罪，至於其他的搶劫、強暴、傷害、搶車更是頻頻發生，已經不能成為新聞，像搶劫案件，紐約市七百萬人，每年發生八千九百件左右，平均每小時十一件，強暴案，有六十萬人口的克里夫蘭市獨佔鰲頭，平均每小時發生一件。洛杉磯是銀行搶劫之都，平均每天有五家銀行被搶。如果那天沒有這些犯罪案件，那才是新聞呢。

槍枝易得犯罪主因

美國犯罪率為何如此之高？為何如此殺人如麻，原因之一是殺人武器易於取得。美國到處都是槍店，運動用品店也賣槍，手槍、散彈槍、自動步槍任憑選購，因為取得武器受到憲法上的保障。

美國憲法修正案第二條說，人民有持有武器的權利。這個世界上除了採取國民兵的瑞士，允許人民持有戰鬥武器，還有那個國家在憲法上明訂條文，保障人民持有武器？國會在幾件重大殺人案件後，鑑於自動步槍殺人之可怕，制定法律禁止進口及出售攻擊性武器，及通過法律，規定購買手槍有五天等待期，以便調查買主的背景。可是美國民間擁有的攻擊性武器已有兩百多萬枝（可裝備二百多個步兵師），還有幾千萬柄手槍，暴力犯黑社會取得這些武器易如反掌，這種限制能收到多少效果呢？

美國人喜歡拔槍快射，是西部拓荒時代留下的傳統。那時候歐洲移民開疆闢土，要和自然、野獸，乃至印地安人爭奪生存空間，有時也自相殘殺，武器便是法律，誰的槍快誰就能生存。但是時代在變，美國現在已是過度文明開化的地方，保障人民生命財產的安全是政府責無旁貸的義務，羅馬政治家西塞祿有言：人民的安全是最高的法律。一個國家把保障安全的責任放在國民自己的手中，是本末倒置的做法。

罪犯人權過度重視

美國犯罪充斥的另一個原因，是對罪犯的人權過份保護。美國是一個金錢掛帥的社會，有錢的被告可以請最著名、最能幹的律

師、律師團為他們開罪，沒有錢的被告也有政府提供的辯護人來保護他們的權利。

而美國律師雄辯滔滔、唱作俱佳，可以提出任何臆測的、假設的，與案情不相干的指責來爭取陪審團的同情，還可以花錢請一些證人，提出有利被告的證詞來影響陪審團的判斷，因為只要爭取到陪審員的認同，便可以打贏這場戰爭。

以轟動一時的 O. J.辛普森被控殺害前妻案來說，被告律師不設法證明案發時辛普森不在現場，而傾力攻擊洛杉磯警方有種族歧視（因為前足球明星辛普森是黑人），收集證據時程序不當，以至有人質疑，這到底是審理辛普森殺人案還是審判市警局的種族主義。

如果說辛普森案的陪審團懷有種族心態，所以判辛普森無罪，洛杉磯另外一件震驚社會的曼南德茲兄弟殺害雙親案，陪審團又不知懷的是什麼心態了。

曼南德茲一家是古巴移民，父母慘澹經營，累積了可觀資產，在比華利山置下華屋，全力培養兩個兒子讀名校、打網球，以期出人頭地。可是兩個兒子卻在 1989 年夏季一個夜晚持霰彈槍（必欲置之於死地）衝進家裡，將正在看電視的父母殺害，即使他們的母親爬在地上求饒也難逃最後致命的一擊！

警方指控他們謀奪財產，以便盡情花用，才不惜下此毒手，但兩兄弟則說是長期受到父母的「身體、心理和性虐待」，擔心被殺，所以才先下手為強。

一個事業有成，望子成龍的父母，會對兩個「兒子」性虐待嗎？偶然在球場上對兒子大聲一點指責也是精神虐待嗎？證諸兩人殺人後並未出面自首，還跑到東部購名錶、買旅館，若無其事跑到中東賽球，其冷血殘暴的心態已昭然若揭，可是陪審團就是不能就謀殺罪或一般殺人罪達成裁決，因而造成流審，而再受到檢方的起訴。

陪審團制度弊病多

談到陪審團，這又是造成美國司法制度不公，方便律師從中操作利用的工具。

陪審團制度源自英國，本來的用意是將法律從政府法官手中交還給人民，使被告受到公平審判。但是刑事案件要全體一致才能達成裁決，因此只要有一、二名陪審員不能公正、懷有不同心態，便可使審判得不到公正結果，而使罪犯逍遙法外，這是何等危險的設計！

陪審員的挑選又要盡量排除有正義感、有專業知識的人士如警察、教師、神職、社會工作者、律師等，而要選一些平凡市民。前哈佛大學法學院長格瑞斯伍說，誰能相信從大街上隨便找十二人，便能判斷一個複雜案件的是非曲直？

而且律師們往往聘有陪審團諮詢專家，專門研究陪審員心態，模擬辯論方式，不獨在挑選陪審員時吹毛求疵，盡量挑選有利被告的陪審員，辯論時更針對陪審員心理提出說詞，使陪審團不做有利被告的裁決也難。

而美國是族裔大熔爐，陪審制度更涉及複雜的族裔、文化問題，各族裔都有維護本族裔的傾向，在第一次世界大戰前，黑人和華裔不能當陪審員，不能出庭作證，黑人和其他族裔不知被重判、錯判多少案件，現在黑人當陪審員，有機會就放黑人一馬，也算是以其人之道還治其人之身吧。

族裔歧視造成的冤案錯案，最有名的可能是哈普・李的小說，後來改拍電影的《梅岡城故事》（To Kill a Mocking bird）了。故事的概要是說，在南方的小鎮梅岡，一名黑人勞工被控凌辱一名平民

白人女子，女子的右臉受到攻擊傷害。黑人勞工是慣用右手的人，而女子的父親則慣用左手。右臉受到傷害顯然是左手造成，同時也有大律師葛里哥萊畢克為他辯護，但陪審團還是判黑人有罪。

死刑難判執行更難

談到在美國殺起人來易如反掌，但是要判決死刑可是得左斟右酌，唯恐判得過重，侵犯了被告的「人權」。

即使是判了死刑，那和執行死刑之間還有一段漫長的道路。一名年輕的單親母親，為了討好男友，把兩個稚兒連汽車推到湖裡淹死，還謊稱車子和小孩被黑人搶去，這總可以判死刑了吧？不會，因為她心理失常，小時候曾受到繼父性侵犯。兩兄弟共謀殺害父母，應該是罪大惡極，必死無疑了，不一定，陪審員中有很多同情被告，認為他們年紀輕輕，死了可惜。那麼假釋犯姦殺十二歲女童，罪上加罪，還有活路嗎？也許有，因為律師會一再上訴，阻止行刑。

根據《新聞週刊》（News Week）的統計，一般判決死刑的人犯，到執行死刑時，平均要耗上十年的時間。佛羅里達州三重殺人犯蓋瑞‧阿佛德正在慶祝判刑二十二週年，並且還在上訴，還在等待。而遲來的正義不是正義，這種牽延時日的執行方式，能收到警告、嚇阻的效果嗎？

這篇報導說全美國目前有死刑犯三千人，是歷史上的最高紀錄，但 1994 年處決的人犯只有 31 人，1995 年有 56 人。自從聯邦最高法院 1976 年允許各州執行死刑以來，真正處死的不過是判刑人數的百分之二。

加州是死刑犯最多的州，有四百零七人，但到目前為止只有二人真正處死，其中還有一人完全放棄上訴，德州執行死刑最爽快，

398 名死刑犯有八分之一送進了煤氣室。佛羅里達州死刑犯 375 人，處死 34 人。其他執行死刑較多的有路易斯安那、喬治亞、維吉尼亞、阿拉巴馬等州。

報導說，美國的極刑充其量是一隻紙老虎，還能嚇住真正的罪犯嗎？

修法制暴呼聲漸高

不過這種情況現在已略有改變，有識的立法議員，州長及受害人權利組織，多年來誓言要對抗無休無止的上訴程序，制裁驕縱狂妄的被告律師，趕走假仁假義的州長，國會削減補助死刑犯律師的經費，改變有關法律，限制各州囚犯求助於聯邦法院等。像前紐約州自由派州長柯謨終於下台鞠躬，因此處決死刑犯人數有逐漸增多的趨勢。1995 年處死了 56 人，96 年預期會更多，是不是由於這個原因使近年美國重犯罪率有減少的現象，還須要專家的研究和統計。無論如何，真希望美國法律能正視被害人的權益，以嚴刑峻法來對待犯罪，使美國不致真正成為本文所稱的犯罪天堂，則人民幸甚，社會幸甚。(《世界周刊》Jan.1996)

四、予豈好訟哉！

　　新墨西哥州阿布奎基一名老太太在麥當勞駕駛人外賣窗口買熱咖啡，將咖啡杯放在大腿之間打開杯蓋，不慎弄灑咖啡，燙傷雙腿內側和臀部。她提出傷害性賠償和懲罰性賠償控訴。陪審團本來判給她二百七十萬元的懲罰性賠償和二十萬元的補償性賠償。不過陪審團認為老太太自己不慎也有責任，將補償性賠償改為十六萬元。法官則以懲罰性賠償應和受害程度有合理的比例，將懲罰性賠償改為四十八萬元。

　　俄勒岡州一個陪審團十年前裁決，菲利普·摩里斯香菸公司應給予一名肺癌死者的遺孀近八千萬元的懲罰性賠償，香菸公司上訴，聯邦最高法院 2009 年維持原判，雖然實際上死者遺孀只能拿到六千到六千五百萬元。

　　這兩件看似不合理的控案，但都獲得成功，得到陪償。譬如剛買的咖啡一定是燙的，買了幾十年咖啡的老太太理應了解，而她不小心弄翻了咖啡，那是她自己的責任。而香菸盒上早已有標示警告，吸菸可能有害健康，如果顧客一定要吸自然不能將責任完全加在香菸公司身上。但美國人就是愛提賠償控告。機械產品有瑕疵使人受傷害要控告，餐館吃壞了肚子要提控告。百貨公司超市地面有水或不平滑倒，顧客也要告。更離奇的是在你家門前走路跌倒或小偷從你家天井不小心跌下受傷，也是房主的責任。美國汽車業傳奇人物李·艾可卡（Lee Iacocca）在他的新著《美國領袖何在》一書中指出，全世界百分之九十的民事訴訟發生在美國。

美國法院控案堆積如山，浪費社會成本，因為不僅每天動員律師，陪審團來打官司，也要花費納稅人的錢來維持龐大的法院系統。很多人將控案賠償作為求取暴利和財富的機會。而這絕不是建國先賢在制定法律時所期望的司法制度。更重要的是這些動輒數十，數千萬元的賠償窒息工商業的生機，凍結正派經營公司的創新生產能力，削減競爭機會。

美國競爭的能力和控訴的狂熱有密切相連的關係。因為你要競爭的第一件事便是冒著責任風險，如果你不能冒風險，你便無法競爭。美國人本來是具有冒險犯難和企業精神的，但是今天美國人熱衷訴訟而缺乏冒險創新。

美國本來有十八家製作足球頭盔的公司，但現在很少有人願意生產，因為風險太高，這可能和理達爾（Riddell）運動公司案有關。一名十八歲男孩打足球時腦部受傷，父母控告這家頭盔製造公司而獲得一千四百六十萬元的賠償。他們並不能證明產品有缺陷，事實上醫療專家認為這是原已存在的腦部狀況，但陪審團照樣裁決賠償。

美國已經停止製造輕型飛機，最大的生產成本是責任保險。國際競爭使得美國處處受桎，美國法律遵循的是「深口袋」原則，那便是有財富一方往往要負擔賠償的責任，其他國家則在處心積慮在市場上擊敗美國，而不把深口袋原則放入法律體系內。英國歷史上最大的一筆損害賠償不過一百萬美元稍多一點，這在美國的民事訴訟中不過是小菜一碟。

日本人很少和法院打交道，日本的律師也是非常之少，數目和美國的摔角教練差不多吧。中國人奉行的是息事寧人，訟則凶的哲學，更沒有像美國人動輒告狀的習慣。不敢競爭便沒有創新，也就沒有進步，看看健康照顧就再清楚不過了。製藥公司可能不會投資

研發治療一般疾病的新藥，因為風險太高。以默克 Merck 公司來說，保守估計將 Vioxx 法律糾紛的賠償定在 500 億元，因為這種熱門的治療關節炎的藥引發幾名使用者的心臟病。

再如不願研發新的疫苗如禽流感。為什麼要找這種麻煩呢？預防疫苗是容易引發訴訟的產品，製藥公司寧願把研發經費用在較安全的產品如化妝品甚至生髮劑上。還有誤醫賠償也是一個引起社會密切關注的問題，因為這不僅使醫生承受不公平的額外負擔，增加醫療成本，也影響及醫生和病人之間的關係。

美國有識之士早已注意到懲罰性賠償已到了無法控制的地步，因此改革的呼聲不斷有人提出。國會眾議院 1995 年曾提出限制個人傷害案件賠償金額的改革方案，為全國制定民事訴訟的共同標準，以減輕企業界對賠償官司的負擔，但當時的柯林頓總統持反對態度，參議院也沒有通過，因而未能成為法律。

現在全國的民事賠償官司只能依賴各州的法規自行控制，或者上訴法院的裁決，可說是一個打濫仗的時代。以加州來說，它的懲罰性賠償根據的原則是被告的行為引起的責任必須是由於惡意，壓迫或欺騙所造成。2006 年加州一個購買蜆殼（Shell）加油站的買主控告賣方隱瞞事實涉及詐欺，因為加油站是州政府徵收興建辦公室的標的地，因而無法經營。陪審團裁決賠償原告實質損失一百六十五萬元，並認為賣方有惡意脅迫和詐欺故意。但審理法庭駁回原告懲罰性賠償要求，因為沒有提供被告有意義的財務狀況證明。加州第二上訴法院又改變這項裁決，認為審理法庭應給原告更多的時間蒐集財務狀況證據。

根據原告律師的新聞稿資料，新的陪審團裁決付給原告五千萬元懲罰性賠償，這已超過補償性賠償的三十倍之多，顯然不能通過庭審後和上訴法院的審查。即使認為被告有重大過失，被告也有強

力理由辯護，鑑於原告承受的只是單純的經濟損失，懲罰性賠償不應超過補償性賠償的一倍。這件賠償官司仍未結案。

佛羅里達州最新的民事賠償法規為，一般情況下，懲罰性賠償為補償性賠償的三倍或五十萬元。如果負有責任的經理人員，主管或職員為不當得利或了解可能行為的危險性，可能造成傷害，則懲罰性賠償可為補償性賠償的四倍或二百萬元。

佛州早在 1994 年曾由律師提出代表 8000 名原告的集體控案，向香菸公司求償。即著名的 Engle V. Liggett 案。經反覆開庭審理，陪審團裁決被告給付一千二百萬元的補償性賠償，一千四百五十億元天價懲罰性賠償。佛州最高法院 2006 年裁決認為審理程序有瑕疵，駁回原判決，原告須個別提出證據，證明受到尼古丁毒害而致病。到目前已有九件控案受到審理，七件控案獲得成功，賠償金額自六十萬元到三百萬元，實際上有兩件獲得賠償。

艾可卡不明白的是，為什麼美國人如此熱衷懲罰性賠償？這完全是美國式的觀念，其他很多國家根本沒聽說過所謂懲罰性賠償。而這也是美國律師中大獎，發大財的機會，因為大部分賠償最後都落入律師的口袋。這是一個瘋狂的制度，當人們談到侵權行為改革時，他們是希望將司法制度帶回到現實的領域──運用常理和常識來給予賠償。

也許真正的問題是這個社會的認知和價值觀念。為什麼對於個人所受的痛苦和損失，輕易而慷慨給予令人吃驚的金錢賠償，但對於受到天然災難或經濟困頓危害的社區卻吝於伸出援手？這是值得這個國家省思的問題。（April，2010）

五、何樂之有談樂透

加州發行的「超級樂透」彩券特獎金額最近累積到一億多元，加州各地因此掀起購買彩券熱潮，在曾經出過數次特獎的洛杉磯藍鳥烈酒店，購買彩券的隊伍大排長龍，在店外圍了幾圈，有些彩券代售處的電腦因為操作過量而當機。

但是到底誰是這些購買彩券的人潮呢？當然不是微軟、奇異公司的大老闆、大股東，也不是影歌、體育明星，或是公司的總裁、總經理一類人物，而是一些藍白領薪水階級，出勞力的苦哈哈，領食物券的單身母親。有人說這也很好，讓這些苦哈哈也能發一發大財，過一下富豪生活，不是很好嗎？對，這正是彩券局的宣傳口號，「你，可能就是下一位千萬富豪。」但事實上真有如此簡單嗎？

全美國有卅二州發行彩券，有的是四十個號碼中選五個，全部對中為特獎，有的是五十個號碼中選六個，根據專家的統計，其中獎的機率從二百萬分之一到一千四百萬分之一。加州的樂透彩券還要加一個號碼，成為五十一個號碼選六個，中獎的機率更是小到只有一千八百萬分之一。這個數字有如聯邦的預算，幾乎沒有實際上的意義。我們不妨將中獎機會和其他一些機率做個比較。

根據統計，一個人被雷打中的機會是二百萬分之一，在撞車中死亡的可能性是六千分之一。聯邦健康中心統計，你被外物擊中的機會要比中特獎大十五倍。前麻省理工學院教授納茲‧安金尼研究顯示，你贏得特獎的機會和你打撲克時連發四個同花大順的機會差不多。

　　彩券局有意把中獎機率弄得這麼小，這正是他們利用群眾心理所玩的噱頭。因為不容易中獎，特獎的金額便可以累積得很大，而吸引希望發大財的人們慷慨解囊，猛買彩券。從獎金數字成幾何數字增加便可以看出一般。譬如第一次特獎金額三百萬元，第二次無人獲中時累積的金額不是六百萬元而是八百萬，第三次可能增加到一千三百萬元，第四次便可達到兩千五百萬元。

　　在美國東部二十州發行的勁球彩券，主持發行的多州樂透協會改變中獎規定，使中獎難度提高，因此每年可出現兩次一億元以上的大獎，更是不時帶動勁球旋風，引起彩券狂熱。彩券當局宣傳說，一旦中獎，什麼問題都解決了。

　　問題是，對於一般苦哈哈的薪水階級，真的需要一億元來解決問題嗎？一千萬元如何？一百萬呢？甚至三十萬、五十萬元便能解決問題，何必給他一億元，讓他擔驚受怕，寢食難安？那末為什麼不將一億元分成一百份，讓一百個苦哈哈解決問題呢？

　　談到這裡，我們不能不對樂透彩券的獎金結構感到不解。依照常理，特獎金額應該是二獎金額的一倍，就像一些網球大賽和高爾夫大賽，冠軍獎金如果有八十萬元，亞軍就有四十萬元。以此類推，彩券特獎金額如果有四千萬元，二獎金額理當有兩千萬，不管多少人中獎，都可平分此一數字。以加州來說，每次差不多有一百人中了五個號碼的二獎，如果能平分兩千萬元，每人也可獲得廿萬元。但是現在不管特獎金額累積有多大，獲中五個號碼的二獎永遠只有一千七、八百元，而中五個號碼又是何其之難！這樣的獎金分配不僅令人不解，簡直令人憤怒。

　　主張發行彩券的人們認為，彩券是籌稅的一種方式。事實上，各州也是利用彩券節餘來補助政府施政，譬如加州的盈餘便用來補助公立學校改善設施。彩券官員辯稱，很多時候直接增稅會受到議

會和選民的反對，幾乎是不可能的任務，而彩券一方面提供民眾消遣活動，一方面又充實了財庫，可說是一舉兩得。

反對人士主要的論點是，彩券收入並不是新的財富，只不過是收入方式的變更。如果人們不花錢買彩券，他們會在別處消費，而以其他方式為政府帶來收益，如銷售稅，消費稅，或接受者增加收入所付的所得稅。

一些對「賭博經濟」有研究的專家指出，即使彩券收入是一種稅收，那也是加在窮人身上的「退化性稅收（Regressive tax）」。因為沒有疑問，窮人購買彩券的比率高於富有的居民。馬利蘭州曾經調查過，該州最富有的蒙歌馬利縣，居民所得占全州百分之廿一，彩券銷售僅占百分之十一。相反的，比較貧窮的鄰縣喬治王子縣，居民所得占全州百分之十七，彩券銷售卻占了百分之廿六。

加州彩券剛發行時，菲爾德研究所調查，三個月內出售了八億張每張一元的彩券，平均每個居民花了卅元。但菲爾德的研究員也發現，百分之七十一的彩券，是僅由百分之十八的居民所購買，而平均彩券買主可能較窮，受教育較少，更可能是黑人，西語裔或亞裔。當時彩券局為了爭取超級市場代售彩券，宣稱購買彩券的人會順便採購食品，因而可提高市場的營業額。彩券發行一個月之後，有五家連鎖超市報稱業績下降。加州食品商協會認為，人們把買食物的錢用來買彩券了。

彩券局為了增加銷路，提高業績，不得不借助媒體大肆宣傳，有些誇大不實的詞句可能會引起誤導，甚至欺騙的結果，這也是反對人士期期不以為然的地方。本文所舉的—你，可能就是下一位，便是一例。新澤西州曾經有一個電視廣告，開頭是一名加油工人問客人到那裡去，客人說要去買彩券。加油工人說，這個主意很好呀，

我也要去買。隨後鏡頭一換，加油工人從大禮車下來，一手挽一名穿貂皮的美女。這種廣告不僅不實在，也缺乏品味。

再就以補助政府施政來說，加州學校接受了十多年的「補助」，現在在全國性的學科測驗中仍然掛在最後幾名中。這樣的補助不要也罷。(《世界周刊》Oct，2002)

六、樂在其中話橋牌

洛杉磯南灣地區三名華人去年在美國一項橋牌比賽中獲得冠軍，引起人們對打橋牌的興趣。到底打橋牌有什麼趣味？美國有那些地方可以打橋牌？華人打橋牌是不是很多？

橋牌起源於英國，最早在十六世紀就開始流行，那時叫 Whist，可以說是橋牌的雛形。Whist 使用的就是現在的撲克牌，四種花色，每種十三張，其大小依照 A、K、Q、J……次序排列。打法也像現在的橋牌一樣四人同玩，相對兩人為一組，但王牌不是叫出來的，而是發牌人將最後一張翻開，其花色就是王牌，然後由發牌人左首出牌，依次發牌，那家最大就可以贏得一登（trick）。如果沒有那種花色，就可以用王牌吃。前六登不計分，第七登開始每一登算一分，一副牌有十三登，故最多可得七分。

這種打法顯然運氣的成分很多，技術的作用較小，因為那家手中有什麼牌，根本無從得知，而如果翻出來的王牌正好是你手中的強牌，那你不贏也難。但就是這種玩法也在英國上流社會中流行了兩、三百年，直到二十世紀初才由競叫橋牌（Auction Bridge）取代，不久即演變成現在的合約橋牌（Contract Bridge）。

叫牌打牌同樣重要

橋牌的打法分成兩部分，就是叫牌和打牌。成功的叫牌可使你完成合約，獲得分數，叫得不好，就會由於失登而損失分數，特別

是被對方賭倍時，則會損失慘重。叫得太高打不到，或者沒有把實力叫出來而損失合約，都不是高明的橋手，所謂良好的開始是成功的一半，這話用在橋牌上可說相當恰當。

叫牌由北家或發牌人開叫，然後輪流競叫，直至最後一家叫成莊家（Declarer），開始打牌。他的拍檔成為夢家（Dummy），須將牌攤開，由莊家主打，叫成的花色就是王牌，出牌由莊家的左首開始，打的方式和 Whist 差不多，在一階叫成時，要拿七登才能完成合約，叫到二階要拿八登，直至叫到七階，也就是大滿貫（Grand Slam），要十三登全部拿下才能得分，並獲得獎勵分，所以打大滿貫是打橋牌的人的夢想，就像運動比賽得金牌一樣。

橋牌的四種花色有分大小，依次為黑桃（Spade）、紅心（Heart）、方塊（Diamond）和梅花（Club）。前兩種稱為高花（Major），後兩種稱為低花（Minor），高花每一階可得三十分，低花每一階算二十分，每一手牌得一百分可完成一局（Game），因此，高花叫到四階就有一局，低花要叫到五階，也就是要拿十一登才能成一局，因此叫牌時盡可能爭取高花做王牌。不過打無王合約（No - Trump）時，第一階算四十分，以後每階算三十分，所以叫到三階就可以得一局。打無王合約就是每種花色都是只比大小，而沒有王牌來王吃（Trump）。完成兩個 Game 算一個 Rubber，可以獲得獎勵分，所以叫牌都希望叫到成局為止。但不管如何，叫牌要以實力為基礎，不能一意強求。叫不成局也可以打部分合約（Partial Game）。

花色分大小，除了計分有分別之外，在叫牌時也有重要作用。上家如果叫的是小花色如梅花一，下家可以叫方塊一，紅心一或黑桃一，如上家叫的是方塊一，則下家可以叫紅心一或黑桃一，但只能叫梅花二。其他依此類推。無王合約是老大，可以在同一位階叫任何花色。

　　什麼情況下才能在一階開叫呢？依照美國比較流行的自然制，是以橋牌大師高倫的辦法，將大牌（Honor Cards）設定點數，如 Ace 為四點，K 三點，Q 兩點，J 為一點。每種花色有十個大牌點，全部共有四十個大牌點。開叫時還可以計算分配點，即有單張花色加兩點，雙張花追加一點。如果手上全部點數達到十三點和有五張高花時，就可以在一階開叫該花色了。如果沒有五張高花，可以先開叫 1Club 或 1Diamond 追叫，再看拍檔如何回答，尋找適當的王牌。開叫無王，則又有一套標準。叫牌過程變化多端，對方如何蓋叫（Overcall），同伴如何因應，如何在二階、三階開叫，如何用不同的規約（Convention）來詢問拍檔的牌力，如黑木式（Blackwood）規約問 Ace，史提曼（Stayman）規約問高花，坊間有多種專書詳加論列，本短文無法全部涵蓋。

橋牌樂趣無窮

　　橋牌的趣味在於如何運用聯絡技巧，和同伴密切配合，叫到最佳合約，並完成合約。沒有好牌時則守堅攻虛，致力擊破對方的合約。良好的首攻可能使主打者本可完成的合約無法完成，反之，原本要失登的合約卻可以打成。橋牌千變萬化，每次發到的牌都不會一樣，每次也都帶來新的希望、新的期待──或者是完成合約，或者是擊敗對方合約。出牌有無錯誤、打牌是否正確，如何完成一次艱難的任務，常是牌友津津樂道的話題。因此打橋牌不會感到疲倦，打了還想再打。

　　橋牌可以增強記憶力，防止老年癡呆症，已獲得醫療界證實。不管是主打或是防守，都必須記得每門花色出了幾次，大牌出了多少張。小牌如果能記得那是最好，因為稍一不慎就可能造成災難性的後果，因此橋牌對年長者的確是一項有意義的社交活動。

橋牌不是賭博，不涉及金錢輸贏。我知道南加州有的橋牌社每次打牌時收取一元或五角，打完後積分最高的前三名可獲得數元獎勵，但這只具有象徵性的意義，主要在約束橋友不要亂逞英雄主義，意氣之爭，硬要叫到打不成的位階。（有時為阻止對手打到成局合約而叫到五階，寧願失登一登或兩登，也比對方完成合約失分少，這是犧牲打，另當別論。）

你也可以成為橋牌高手

在美國，打橋牌的地方相當多，譬如，只要你參加美國合約橋牌聯會（American Contract Bridge League），他們就會分配你到你住家附近的活動中心參加打牌。另外，很多城市的老人中心或大型公寓大廈內都有橋牌活動，像東洛杉磯的蒙特利公園市、亞凱迪亞、阿罕布拉、西柯汶納和胡桃市老人中心，每週都有一次橋牌節目，也有很多華人參加打牌。

另外還有一個更方便的辦法，便是上網路打橋牌。Yahoo 或 AOL都有橋牌網頁，只要打開電腦，滑鼠一按，便可以真刀實槍上場作戰，而不是和軟體程式對抗。當然，打網路橋牌。橋手只見動作和打字對話，沒有什麼「見面三分情」，有的態度難免失之粗魯和沒有耐性，橋友進進出出，流動率很大。微軟大老闆蓋茲也在網路上打橋牌，他可能有牌友約好同時上網搭檔，你我是碰不到他的。

中共第一代領導人鄧小平等非常喜歡橋牌，台灣的橋牌高手魏重慶還發明精準制叫牌制度，只要有興趣，你一樣也可以成為橋牌高手。（《世界周刊》April，2002）

七、老年人的黃金歲月，年輕人的沉重負擔

　　我們常常聽到的一種說法是，美國是兒童的天堂，年輕人的戰場，老年人的墳墓。但是根據統計，這種說法卻不一定可靠。今天美國的高年公民佔總人口的百分之十二點五，但接受的福利、醫療照顧，卻佔聯邦的社會福利支出的百分之六十，是花在兒童身上費用的四倍。美國每年用在六十五歲以上公民的平均費用，超過所有西歐國家及日本的平均花費。總共來說，聯邦政府每年花在社會安全、健康照顧及其他較小的福利辦法的經費達到五千億元。

　　這些開支帶來的結果，是塑造了一個特別的公民階層，老年人是獲得聯邦政府全面醫療保險福利（Medicare）的族群，也是唯一獲得收入補助的公民團體。有些夫婦每年的社安福利金高達二萬四千多元，不管他們是否有此需要。美國有一百萬個老年家庭，年收入在十萬元以上，但他們照領社會安全金支票。還有的州依照房主年齡提供房產稅優待，以及所得及資本利得減稅辦法。

　　難怪你可以在南佛羅里達州和南加州一些社區，看到那些皮膚紅潤，神采奕奕的高年男女在高爾夫球場上揮桿享樂，閑下來一杯在手，悠然自得；而紐約、洛杉磯等大都會街頭的無家可歸者，多半是青壯年男女，而很少老先生老太太，也是明顯的事實。

經濟代溝導致政治衝突

柯林頓總統在他的演講中曾經指出，老年人留給年輕人的是驚人的經濟挑戰。今天高齡公民的子女或孫子女，要償還高達四點四兆元的國債（2010 年已經達到十二兆二千多億元，作者註），從潛在的破產危機中挽救社會安全體系，還要拯救急待投資的經濟。柯林頓建議用投資和新稅的綜合辦法來作為起步，不過要完成這個任務也並非易事，因為今天的年輕職工，包括大學畢業生所賺的錢，已較十多年前實質上減少，醫療及退休計劃也大不如前。

這種日漸增加的經濟代溝，已經為痛苦的政治衝突埋下導火線。年輕人對於老年人享盡了美國最美好的歲月，但卻將基本建設殘破待整、社會安全體系瀕臨崩潰，特別是負債累累的一個國家交給他們，因此使他們感到憤怒不滿。心懷驚恐的嬰兒潮一代……四十多歲及五十多歲…人士已經開始組織起來，對抗在華府勢力強大的高年公民遊說團。他們稱，美國採行的是有利老年人的制度，對這種制度的攻擊也更加明目張膽，無所顧忌。他們說，一個有百分之二十兒童生活在貧窮中的國家，為何還要補助鄉村俱樂部式的退休生活？

社安體系可能一文不名

由於每年皆對老年人的社安福利穩定改善，美國老年人的貧窮率已自 1960 年的百分之三十五，降到目前的百分之十二；相對來看，生活在貧苦中的美國兒童，已自 1967 年的百分之十四，增加到 1991 年的百分之二十。

今年高年人士舒適的退休生活,是由逐漸增加的社會安全稅金來提供的。設在華府的「全國納稅人聯盟」的保羅‧海威特說,社安稅提高,不獨影響目前任職者的退休計劃,投資儲蓄金額也相對減少。更有甚者,嬰兒潮或者更年輕的一代人士,擔心他們將來退休時可能已經沒有社會福利金可領,或者至少金額將大受削減。

領導組織「美國嬰兒潮聯盟」的達拉斯會計師凱雲‧米爾迪斯女士分析社會安全計劃時說,首先,並沒有真正的社會安全信託基金。事實上,社安制度一直依賴目前年輕職工的稅金來支付退休福利。目前退休的職工六年不到便可以將他所繳的社安稅金全部領回,但他還要繼續不斷長期支領下去。

其次的問題是,社安制度並沒有建立真正的現金節餘。聯邦政府一直在借用社安金節餘來減低年度預算赤字,而以財政部特別發行的不可轉讓公債債券來抵付,最後這筆債務還是落到納稅人的頭上。社安當局承認,如果沒有重大改革,即使政府還了這些借款,最後一名嬰兒潮人士退休時,社安體系也已經一文不名了。

老年人支持者說,嬰兒潮人士不明白老人們對安全感的擔憂。他們認為,雖然你可以用卡通漫畫式的嘲諷來形容這些「老傢伙」,仔細觀察卻不是這回事,譬如,六十五歲以上的的單身婦女,半數以上的年收入不及一萬二千元。她們沒有高爾夫球車,不參加加勒比海漫遊,整天擔心的是喪失維持她們生存的政府補助:社會安全金、住宅及醫療福利。

社安金一領二、三十年

在這些憤怒情緒的背後,老年人和青壯年人雙方對於未來都懷著基於二十世紀的矛盾產生的憂慮。那就是科學已大大延長了我們

的生命，但我們都不知道如何來應付多餘的歲月。美國每年都要花費數十上百億元的費用來研究長生不老之術，結果現在我們除了要擔心死亡外，還要擔心活得太久帶來的開支，這不是令人涕笑皆非嗎？

社會安全制度在 1935 年制定，1937 年開始徵收社會安全稅，當時每 55 名工作者支付一名退休人士，所以社安稅的負擔非常輕。老實說，那時也沒有很多人認為會活得很久，一領就是二、三十年的社安金。現在美國人平均可活到七十五歲，工作者與退休人士的比例已降到三比一。現在全國納稅人至少有三分之一，其所付的社安稅及醫療福利稅，超過他們所付的聯邦所得稅。

社安稅還有一個不合理的邏輯。由於這種制度宣稱是年金退休基金，而不是反貧窮計畫，因此政府允許富有者比貧苦者獲得更大的實益。例如，年收入超過五萬七千六百元以上的部分不必付社安稅（2010 年已經增加到十萬六千八百元，作者註），因此低所得者所付的社安稅，依照薪資比率，高於富有的高所得人士。而富有的退休者往往領取較高的社安金，因為社安金的計算是以職工收入的平均數為基準的。

退休人士有最多的選票

不管是富有的退休者，或是依賴社安金的老人家，他們都擁有強大的「美國退休人士協會」（AARP）作為靠山，1980 年代，聯邦赤字大幅飛升之際，各種計畫都受到削減，只有社安制度沒有動搖。在這個協會領導下他們有比任何年齡階層都多的選票，每四年一次的總統大選，便是他們展示力量的時機，總統候選人通常總要移樽就教，前往佛羅里達的退休社區，承諾不削減社安福利。

96

擁有三千多萬選民名單的退休人士協會，本身便是一個強大的政治聯邦，年費收入達成三億元，比共和黨或民主黨都要多。他們主要關切的包括健康照顧、住宅及年齡歧視，但最重要的還是社會安全金。柯林頓的助理所提出凍結社安給付年度生活指數調整的建議時，柯林頓才領教這個高年遊說團的頑強。這個意見提出不到一天，政府就接到一連串政治攻擊，憤怒的老先生、老太太的抗議電函，像雪片一樣飛到白宮。柯林頓不得已，只好建議收入在三萬五千元以上的退休者，社安金的百分之八十五須提出報稅，而不是現在的百分之五十。雖然可能增加的稅金不多，但退休人士協會繼續反對任何社安金縮減計畫。

政策不當導致國債增加

退休協會認為，國債增加是由於健康照顧費用大幅膨脹及雷根經濟政策不當所造成。該政策的主要內容是，政府可以減低稅收，增加國防開支，而仍可以平衡預算。此外，聯邦政府龐大的社會福利支出，各種貸款補助及龐大而無效率的官僚體系，都是造成聯邦赤字的原因。此外，一般認為社安給付是退休者付了一輩子稅金的回報，不是不勞而獲的收益，不應當做為削減聯邦赤字的墊腳石。

無論如何，要解決經濟代溝雙方都擔心的問題，可能雙方都要有所讓步才能達成。年輕人固然不能受到過分不公平徵稅來負擔鄉村俱樂部式的退休生活，也不能要求退休者讓步太多，以致引起他們用選票或財富來進行反彈。

希望兩代都能接受的折衷性方案已經在規畫之中。國會已制定辦法，將嬰兒潮人士的退休年齡自六十五歲延長到六十七歲（目前已規定依照出生年代延後一或兩年領全額退休金，作者註）。雖然

退休人士協會力量龐大，但擴大社會安全福利付稅範圍還是可能的。若干退休問題專家建議，美國應採取雙軌制退休辦法，一方面所有退休者都可領取單一較低的退休金，貧窮者則可增加退休補助。柯林頓的經濟高峰會議也建議削減退休老人及公務員的年金。此外，控制聯邦醫療支出及要求退休者分擔部分責任，都將在未來幾年內加以考慮。（《世界周刊》April，1993）

八、洛杉磯街道，難懂

　　美國的街道或者至少是洛杉磯的街道，往往有丈二金剛，令人摸不著頭腦之感。

　　以街名來說，可說是五花八門，至少有十幾種。比較通用的，一般來說有街、路、波路華（Boulevard）、愛維溜（Avenue）、車道（Drive）等，此外還有 Way、Terrace、Circle、Court、Place 各式各樣的稱呼，因此你告訴別人地址的時候，還要記得是波路華或愛維溜，以免弄錯。

　　照字典的解釋，愛維溜是南北向的大道，波路華原來是法文，意思是兩旁有林蔭的寬闊道路。但洛杉磯有很多東西向的大道照樣叫愛維溜，像位於好萊塢，以餐館著名的梅羅斯大道就是。而叫做波路華的也不一定就是林蔭大道。東洛杉磯通過聖瑪利諾、亞凱迪亞等市的杭廷頓大道可以稱得上是林蔭大道，可是這條路叫車道（Drive），而不叫波路華。

街名變化莫測高深

　　令人不解的是，華人集中的聖蓋布里爾區，有一條從阿罕布拉、蒙特利公園市向南延伸到長堤市的大西洋大道，從蒙市到商業市一帶叫波路華，商業市以下又叫做愛維溜，這種變化只能以「莫測高深」來形容了。

洛杉磯的大道有的延伸二、三十哩，像聖蓋布里爾谷的山谷大道，從東洛杉磯經過阿罕布拉、羅斯密、艾爾蒙地、工業市、胡桃市、鑽石吧等城市，直到普慕納的加州工藝大學，浩浩蕩蕩，可以代表美國地方大，規模大的風格了。另外像聖塔蒙尼加大道，威爾樹大道，奧林匹克大道等也迤邐數十哩，非常壯觀。但是路太長了，難免會「長」出問題來。

以商業繁盛，又是金融中心的東西向聖塔蒙尼加大道和威爾樹大道來說，從聖塔蒙尼加海邊開始時，威爾樹在聖塔蒙尼加大道之北，但是到了比華利山以後，兩路交叉通過，威爾樹又到了聖塔蒙尼加之南，而聖塔蒙尼加大道自然就到了威爾樹的北邊，因此你說威爾樹在聖塔蒙尼加之北也可以，說在南邊也沒有不對。望之在前，忽焉在後，正是這兩條大道關係的寫照。

也有比較長的道路，中間並無顯著的段落，但卻突然之間改了名字，像華人較多的阿罕布拉市，有一條叫做緬因街的大街，以汽車代理商雲集著名。這條路向東到了聖蓋布里爾市改稱拉斯透納市大道，再向東到了亞凱迪亞市又叫做活橡路。羅蘭岡的商業大道可里瑪路（Colima Road）到了鑽石吧變成金泉路（Golden Spring Dr.）。有的大道轉了一個直角大彎，還是叫同一個路名，而筆直往前的路卻改了名字。像聖蓋布里爾大道，向南到了快進入六十號高速公路的最後半哩，突然改稱派拉蒙大道，而向左轉了一個直角的通路才是聖蓋布里爾大道。艾爾蒙地市的聖塔安里塔大道也有這種情形。

門牌號碼令人生氣

又有一些道路，中間為其他道路分割得支離破碎，或者並沒有連接在一起，卻仍然一以貫之，堅持叫同一個路名，如果順著號碼

找地址，包管你轉昏了頭，磨破了輪胎，還是不知道要找的號碼在那裡。

談到門牌號碼編排，又會令你生氣。洛杉磯的道路如果通過幾個城市，不獨每個城市要單獨編號，即使是同一個城市，也往往分東段或西段而有不同的編號。因此兩棟建築明明連在一起，可能一家是三千多號，另一家又從一號開始。問題是通常號碼上並不註明是東南西北段，往往你找到了號碼，卻不是你要找的地方，或者明明到了要找的號碼附近，就是找不到你所需要的號碼，因此找地址時不僅要看路牌，還要看路名下的編號和方位。

妙的是即使是門牌號碼，你也可以付一點錢，向市政府申請特別的號數。華人喜歡六、八等吉利號數，因此你常會看到華人公司商家有一六八、二五八等門號。看來這些地方政府倒是生財有道呢。（《世界周刊》，1995）

九、賭城新秀

──勞福林

　　前一刻鐘你看到的還是一片荒涼的谷地，突然之間就成為令人目眩神迷的奇幻仙境，這就是勞福林──賭城中的新星。

　　勞福林（Laughlin）是位於內華達州最南端的新賭城，建在沿科羅拉多河的谷地上，景色優美、氣氛悠閒，和拉斯維加斯的繁華誇張相比，自有另一種清新的情調，不過你不要小看在很多地圖上還找不到的這個地名，勞福林正像一顆上升的賭國明星，發展潛力可觀，目前的年營業額已超過南太浩湖，而成為美國第四大賭城。

荒地化成仙境

　　介於內華達、亞歷桑那和加州三州之間的勞福林，從一片荒涼的谷地，好像突然之間就成為令人目眩神迷的奇幻仙境，其變化之快，簡直令人難以置信。前一刻鐘你看到還是一片荒涼，突然之間你已置身在神話中的西波拉──西班牙征服者在西部沙漠中尋找的黃金城市。沿著科羅拉多河的賭城大道（Casino Drive）一排並列著佛萊明哥希爾頓、哈拉斯、科羅拉多美女（Colorado Belle）以及唐‧勞福林擁有的河邊大飯店等著名賭場大飯店，入夜後燈光燦爛，倒映在碧波盪漾的河水之上，景色令人難忘。

　　談到賭城勞福林，當然不能不提興建這個城市的唐‧勞福林其人。事實上，勞福林的逸事和這個城市的成長已成為當地流傳的傳奇故事。

勞福林傳奇

勞福林市所在地最早叫做南岬（South Point），是一個孤立的沙漠谷地，夏季氣溫高達 120 度。1940 年代後期開始，由於附近在興建戴維斯水庫，所以才設一些簡陋的酒吧和設在帳篷裡的賭場，主要是招待興建水庫的工人。

1966 年有一天，唐・勞福林從拉斯維加斯開了他自己的小飛機來到荒涼如故的南岬巡遊，他在閃爍的海市蜃樓中，看到一片美好的遠景。

現年六十一歲的勞福林是明尼蘇達州人，九年級時，學校發現他擁有一台吃角子老虎機，而遭到學校開除。後來他乾脆移居到拉斯維加斯，經營一家小型俱樂部和賭場。1966 時，他賣掉拉斯維加斯的產業，以二十三萬五千元，買了南岬一家關門的酒吧和六畝河濱土地，興建了阿迪大飯店。多年來慘淡經營，只要獲得融資，便進行擴張加建，現在河邊大飯店已是擁有六百六十間客房的大飯店，賭場的規模也越來越大。

在這個遙遠的邊城日漸成長擴大之際，當地郵政局認為有設立郵政分局的必要，並且也要有個地名，因此就叫它為勞福林——不過創始人勞福林本來並不同意，他希望直接了當叫做賭城（Casino）。

今天的唐・勞福林和他二十六年前初來時胼手胝足、篳路藍縷的情況已不可同日而語。他除了擁有阿迪大飯店以外，還有六百個旅行車停車位，在河對岸的牛頭市（Bullhead）有一家汽車旅館，兩家銀行，圍繞機場的大片土地，本地的巴士公司，以及六萬一千畝的牧場。他自己在山頂還有一棟休閑華屋，一部白色的蘭寶吉尼則經常停在阿迪大飯店門前。

唐‧勞福林可能是實際將勞福林印上地圖的創始人，但本地及商界觀察家認為，真正帶動勞福林起飛的還是拉斯維加斯的馬戲旅館公司。整個七〇年代，「阿迪」及其他本地小型賭場招待的大都是低檔客人，主要是本地人以及玩吃角子機的退休公民。

馬戲旅館帶動熱潮

但馬戲公司有人認為，即使是銅板，如果收集到一百萬個，也是一筆可觀的現金。因此這家賭業中的巨擘便在 1983 年收購了水際大飯店（Edgewater Hotel）加以擴建，同時也策劃興建「科羅拉多河美女」。其他大旅館及賭業公司隨即跟進，在 1980 年代中期掀起一股投資及建築熱潮，先後興建了哈拉斯、佛萊明哥希爾頓、金河、拉瑪達等六、七家大飯店賭場。

勞福林 1990 年的營業額三億六千六百萬元，已超過南太浩湖，而成為繼拉斯維加斯、大西洋城及雷諾之後的美國第四大賭城。每年百分之二十一的遊客及毛收益成長率，遠超過拉斯維加斯的百分之十。大多數觀察家同意，到公元兩千年時，勞福林將取代雷諾，成為美國第三大賭城。

勞福林吸引最多的是低檔客人以及一般退休的所謂候鳥，一年總要找個時間到這裡來消磨一番。像來自阿拉斯加的卡爾登夫婦，他們五年前聽到友人介紹來玩過一次，現在每年冬天都要來報到，住上幾個星期。卡爾登說，這裡比拉斯維加斯小，較有人情味，吃住也都很便宜。

雖然現在勞福林的氣勢已越來越強，藍領、白領階級紛紛光臨，大型表演也在希爾頓等大飯店登場，但賭業分析家表示，對拉斯維加斯整體營運還沒有構成威脅。不過傳統上以低檔客人為主的拉斯維加斯老城，營收的確顯著減少。

濱臨河流氣氛悠閒

1980 年居民還不到一百人的勞福林，現在人口已有七千三百人左右，大多數住在山邊的集合住宅和獨棟房屋中。土地價格當然也穩步上漲。想當年勞福林以二十幾萬元買了一家酒吧和六畝土地，現在河邊的土地五百萬元能買到一畝就算你中獎了。

勞福林最大的特色是靠著一條碧波盪漾的河流，河上有渡船來往各家大飯店和對岸，也可以玩噴射滑水（Jetskiing）運動。各大旅館的餐廳多建在靠河的一邊，晚餐時一面品嚐美味餐點，一面欣賞河面上的波光倒影，氣氛之美，恐怕不是烏煙瘴氣的拉斯維加斯餐廳可以比擬，即使你不賭，到這裡來度幾天假也是值得的，想想看，你在那個度假地區能享受到二十幾元一晚的旅館，五元一客的晚餐？

目前南加州地區已有一些中、美旅行社開辦勞福林旅遊，區域機場也有班機前往，要是自己開車，可從十五號高速路向北，轉四十五號高速路向東，快到亞歷桑那州界時轉九十五號公路向北，不過最後這十多哩路面較窄，且高低起伏，開車時要當心。再者，沿四十號高速路多走二十哩，可順便看一看哈瓦蘇湖上著名的倫敦橋，也可算是附帶的收穫。（《世界周刊》，1992）

十、英語準備迎接第一百萬個新字

　　英語無疑是目前世界上通行最廣，最重要的語文，主要原因當然是二次世界大戰後美國超強的國勢，形成無遠弗屆的影響力；以美國為首的高科技發展，和全球更密切的商業、文化和體育交流。但英語本身的文法、結構簡單，演進的彈性特大也有重大關係。譬如英語不單由於科技發展帶來新字彙，也吸收融和其他族裔語言形成新文字，而今年夏天就將慶祝第一百萬個新字的出現。

　　簡略看一下英語演變的過程，可以顯示這種語言如何經由歷史而變化，以及未來如何改變，會不會有一天演變到今天的使用者無法辨認的地步呢？

　　六月份《艾瑞克森論壇報》（Erickson Tribune）有一篇分析文章指出，英語目前已有 987,578 個單字，還在繼續增加之中。雖然有這麼多單字可用，為什麼人們有時覺得難以找到適合的字彙？那是因為普通美國人常用的單字只有一萬四千個。莎士比亞的作品中用了二萬四千個字。不過其中至少有一千個是莎翁自造的。

　　環球語言觀察（Global Language Monitor，GLM）組織是追蹤和分析全球語言的媒體，用電腦資料庫搜尋報紙，電視，網路甚至莎士比亞作品來追蹤文字的使用，文字的選擇，及其對文化的影響。根據 GLM，英語現有字數為 987,578 個，法文只有約十萬個。依照目前演進的速度，今年夏天就將出現第一百萬個新字。而新字最可能的就是族裔混合字。

　　一個單字由兩種語文組合或演化而來的就是族裔混合字，像中英，中法或中西文組成的等。GLM 認為，英語能夠快速成長，主要是能借用其他文字和受到其他文化的影響。

　　雖然世界上很多國家都制訂了正式語文，作為教育，商業和文化的溝通媒介，但美國到現在還沒有規定全國性的正式語文。不過已經有廿多個州規定英語為正式語言。

　　聯邦普查局人口處統計師辛洪（Hyon Shin 譯音）說，2000 年時，美國居民五人中就有一人在家說英語以外的語言，差不多是4700 萬人，其中 55%說他們能說很好的英語。當時的普查也發現，英語之外，西班牙語是使用最多的語言，其次便是中文。當然，這兩種語言對英語字彙造成重大影響也就不足為奇了。像颱風，人參都有英文的音譯文字，而鱷魚（Alligator）是來自西班牙文。

　　牛津字典收集的六十萬個字有很多是來自其他語言。事實上很多字已經標準化，很多人不知道它們本來不是英文。像 pajamas（睡衣）來自波斯文，envelope（信封）和 Café（咖啡餐館）本是法文，而 Chipmunk（金花鼠）則是印地安語。

　　借用的語言固然可以豐富一種語言，但是會不會同時影響一種語言的完整，破壞它的發展呢？法國語文學院（The Academie Francaise）說可能，而且已經發生。1635 年由當時法國首相黎希留創立的法國語文學院是維護法文最有力的機構。雖然這個機構對於保護和發展法文享有聲響，但是也由於過於保守受到抨擊。

　　由於美國文化在大眾傳媒的傳播下無遠弗屆，法國語文學院最近的建議便針對進入法國語文的「美國主義」。例如，當法國學生和青少年最近使用像 email 或 walkman 等字時，學院便提出意義相同的法文給人們使用。

　　不過，美國主義對全球不一定是威脅。遠在脫離英國之前，美國英語便形成一個豐富和獨特的語言。美國的英語是十七世紀英國殖民時形成的。那時候的美國英語已經有別於英國英語而受到荷蘭人，法國人，德國人，蘇格蘭人，愛爾蘭人，以及原住民的影響。而最早的美國主義實際上來自美國原住民的語言。早期殖民者經常採用原住民的語言來描述他們前此沒有遇到的動植物和自然環境。

　　十九世紀移民大量湧入，加上獲取了講西班牙語的西南地區，美國英語的演進和發展因而產生了重大的影響。德國人，義大利人，華人，塞爾特人和德國猶太人為美語帶來了新的字彙，引進了像 ranch（牧場），tomato（蕃茄），kindergarten（幼稚園），delicatessen（熟食店）），poker（撲克），ginesn（人參），和 yen（強烈願望，來自廣東話）等新字。

　　美語和英語最大的不同是在兩種語言分道揚鑣和其後的各自發展。在某種程度上，美國英語簡化了若干拼法，並隨著新的環境而變化演進。1828 年時，諾亞・韋伯斯特（Noah Webster）出版了《美國英語大字典》（An American Dictionary of the English Language），更進一步形成美國英語的獨特風格。韋伯斯特有意將美語拼法和讀音標準化，譬如他用 color 來代替 colour，用 labor 來代替 labour，honor 改成 honour。受到法文影響的 centre 改成 center，theatre 改為 theater。韋伯斯特也建議減少 travell 中的一個 l，因此在美文中便以 traveler 代替 traveller，traveled 代替 travelled，其他一些類似的字如 cancel，chisel，equal，label，rival，total 都改成一個 l 不過，如果拼字不是你的強項，那也不一定完全要怪韋伯斯特。有的教師或者認為，學生拼字能力差是沒有盡到力，但英文的讀法和拼法並不吻合，是造成拼字困難的原因。像拉丁語系的法文和西班牙文，有一個音節讀一個音節，英文中的讀音和拼法往往

聯不起來，像 thought 和 knight。就以 gh 和 ph 這兩個音節來說，有的地方不發音有的地方發音，婦女（woman）的多數和單數的讀法完全不能理解。

六百年前說英語的人聽到今天的人講的話可能一頭霧水；同樣的，今天的英語給六百年後的人聽來會像什麼？即使一百年後呢？今天使用的字可能幾年後便棄置不用，而我們剛聽到的字彙可能成為日常用語。

英語是不斷演進的語文，正是由於它可以不斷改變來適應環境的彈性，使它成為最豐富，也是世界上最普遍使用的語文。今年夏天即將迎接的第一百萬個新字，顯示這種語文的如何富有生氣，活力和趣味，當然也有其學習上的困難。(《世界周刊》July2006）

十一、個人理財十誡

世事無常，經濟的變化也不可捉摸，美國經濟原本基礎穩固。高科技工業一片欣欣向榮，想不到電子科技業過分擴張，電子商業被過份利用。轉眼之間導致科技業一蹶不振，股市不斷萎縮，更令人意外的是，突然之間又來一次高樓驚爆，使得商業市場上淒風苦雨，雪上加霜。在這樣變幻莫測的經濟情況下，如何把握基本的理財之道，獲得一份心安，實在是很重要的生活課題。

大文豪杜斯陀耶夫斯基曾說過，金錢是自由的憑藉，這話可有幾分道理。如果你能夠適當理財，你可能比一個不會經營的人有更多的自由。你可能有較小的壓力，住在較好的社區，有較好的飲食，開較好的車子，獲得更好的健康照顧。而對於能給子女們一個好的開始，也會使你感到心滿意足。

個人理財並不需要高深的學問。事實上，你所把握的原則越是簡單，你成功的機會也就越大。以下是《West Way》雙月刊財務專家艾克斯特（Daniel Akst）提供的個人理財和投資的十大基本原則。

一、不要借貸：除了一、兩種特別的借貸之外，債務是危險的，要加以避免。有一個簡單的方法是量入為出。但是質押貸款則可盡量多借一些，因為房產質押貸款的利率比一般貸款的利率為低，而且利息可以抵稅。再者，如果需要，你也可以借款來存入退休帳戶，因為立即的抵稅效果，通常會好過你所付的任何利息，何況還有經年累月的免稅投資回收。

　　二、不要羨慕他人的年獲益率。長期來說，股票投資的收益會高於任何其他項目，但是你無法控制股票市場——即使專家也不能，因此不要被最新的熱門股票或基金所迷惑。投資要做長期打算，選擇一、兩種健康的共同基金就可以。與其汲汲營營花很多時間在波動不已的股票市場上，不如多花點時間在家人和自己身上。

　　三、不要相信儲蓄無用論。很遺憾的是，美國人的儲蓄率偏低。但是俗話說，大富靠命，小富靠勤，積少成多，還是達到富足的一個可靠途徑。有儲蓄的人可以過得輕鬆自在，不一定要看老闆的臉色、住較好的房子，甚至上天下海，隨心所欲，不妨設置一個扣薪儲蓄辦法，你可能不會感到什麼壓力。要記住，即使是最精密的投資計畫，如果要有效果，也要儲蓄配合。

　　四、不要忽視國稅局（IRS）。要注意的不是你賺多少，而是打發稅局以後還能剩多少。學習計算你的邊際稅率，也就是你要付稅的最後一元所得，當你考慮一項投資、一項花費，或者你的配偶在生產後要不要回到職場，都要先考慮稅的問題。同時，學習重視退休帳戶。

　　五、不要保雞毛蒜皮的小險。保險的目的是保障你不能應付的損失，因此投保時盡量提高自付額，了解你真正要擔心的風險（例如殘障）。因為我們生活在一個好訟的社會中，因此可考慮將高自付額保險辦法所省的錢，用來提高責任額度。或者考慮包裹式保單，如提供涵蓋一切的一百萬元保單。

　　六、不要認為複雜的就是好，保持簡單。不要投資你所不了解的東西（這是億萬富豪巴菲特的投資原則之一）不要購置多種不同的共同資金，使得你在查對這些帳戶時弄得頭昏腦脹，花費時間查對多種帳戶便是一種浪費。

　　七、注意資產分配。研究顯示，你最重要的投資決定，便是你如何分配股票、債券和現金。那是因為股票的長期回收遠高於債券或貨幣市場基金。你的資產分配應該考慮到你的年齡，你對風險承受的態度及其他個人因素。

　　八、你應該擁有自己的住宅。如果你有不錯的收入，購買一棟住宅。如果你和另一半都有良好的收入，購一棟更大的房子。擁有住宅有多種利多，貸款利息和地產稅可以沖抵聯邦及州稅，而月付款的本金部分事實上是付給你自己，有如強迫儲蓄。對於富裕的個人來說，擁有住宅的花費，通常低於你租房子的支出。

　　九、不要羨慕偶像名車。如果你的車子安全而可靠，珍惜保有，不輕言放棄。老車子每開一天，便會為你節省一筆財富，因為你買新車，就在你開出車行時，貶值率便會使你失血數千元。一輛可靠的老車也可以使你節省保險和車牌費用。

　　十、不要當零售商冤大頭。不要以為美國是不講價的國家，大多數商家都有討價還價的餘地，特別是大件商品如家具、大電器等，更不要說房產、汽車了。如果你要求，你會意外發現，很多商家都可以給你折扣。（《世界周刊》Feb，2002）

十二、退休生涯再規畫

　　曾經有一段時間是牛市當道的年代，那時股價節節升高，市場一片榮景，有很多人意氣風發，信心滿滿，認為高漲的股價可使他們在五十郎當、甚至四十幾歲的時候就獲得足夠的財力，過悠哉游哉的退休生活。他們最困難的選擇也許是坐遊輪在海上遨遊，或是到南太平洋的小島上曬太陽。而有幾個人能不和股市拉上關係呢？有的持有公司的股票選擇權，有的退休帳戶投資在股票或股票基金。新加入的股票族行列每年以百萬計。即使運氣不好，未搭上牛市列車的人，也由於股票市場興旺，經濟強勁而受益，因為可為聯邦帶來巨額預算結餘，用來加強社會安全系統。

　　不過那是那時候。這種理想並沒有延續很久。

　　《新聞週刊》最近的報導即指出，股票市場連續兩年下跌，損失幅度達到 25%。今年以來勉強維持平衡，也有的在繼續下跌。而社會安全體系看來也不太「安全」。由於布希總統大幅減稅，聯邦預算已沒有結餘來支撐社安體系，而可能在十年左右產生巨大赤字。因此，在你的投資項目大幅縮水，「社會安全」又不安全的今天，有很多人難免噩夢連床，想到退休後只能趕早場的大麥克特餐，或者到老人中心吃補助午餐了吧。

　　牛市既然遠去，即將退休的二戰後世代何去何從？《新聞週刊》的艾倫・史羅恩對未來的退休生涯規畫提出以下的分析。

　　史羅恩認為：過分樂觀的期待固然沒有道理，過分悲觀的消沉也沒有必要。在牛市當道的時候，人們以為兩位數成長是基本人

權，但事實並非如此美好，而現在也不是人們想像的糟糕。事實上，很多人，包括年輕一點的嬰兒潮世代，也許比兩年前有更好的長期投資前景。

且讓我們稍事回顧一下往事。差不多有十八年之久──等於一個世代──股票提供的回收，遠超過前一代貪婪之輩的夢想。根據易波生研究公司（Ibbotson Associates）的統計，從 1982 年 8 月到 2000 年 3 月，史坦普五百指數加上複利的年回收率達到 19.8%。這表示如果你生逢其時，只要把錢放在枯燥無味的史坦普五百指數基金中，每三年半就可增值一倍。比較來看，從 1926 年 1 月到 1982 年 7 月，史坦普五百的平均年回收率只有 8.8%。依照此一標準，你得花八年時間，成長才會加倍。

在牛市飆揚的年代，即使對數字觀念薄弱的書呆子，也開始屈服於股市的魅力。股票市場幾乎成為各種問題的萬靈丹，不管大小。而問題最大的莫過於社安體系了。由於即將退休的人潮迅速增加，支付社安稅的人（在職的職工）將相對減少，使得此一最大的政府計畫面臨困阻。政客想到的辦法不是減少福利支出，或設法提高社安稅，而是寄望於股票市場這一副藥方。就是說，政府可將社安帳戶的錢，投資到有如下金蛋的股票市場，或者讓職工成立自己的社安股票帳戶。更有甚者，股票市場將由於大量股票選擇權獲利及資本利得，州、地方及聯邦的財庫也將谷滿倉滿。

理想歸理想，市場榮景消失了兩年之後，每個人對市場的基本假定不得不重新考慮。易波生說，1926 年以來的股市回收平均為 10.6%。但這並不是未來成長的保證。而即使是這個數字也是加上 18 年的超高成長才達到的。在風平浪靜的年代，經濟由弱轉強，利率降低三分之二，股票的本益比──就是股票的價格除以每股的獲利──加倍上升。在現在的高本益比、偏低的利

率和差強人意的經濟情況下，我們不太可能再看到這種三冠王的局面。

史羅恩認為，未來 20 年的股市年回收率為 9%左右。即使這個數字也有一點勉強。為什麼呢？因為牛市以前 8.8%的成長率包括大部分股利，而在 20 年前，此種股利遠比目前為高。以 1982 年來說，史坦普的股利獲益為 5.5%，差不多是現在的五倍。

有一項數據是不會錯的，那就是社安統計。股票市場預期只是估計，但社安數據是根據人口統計得來的。到了 2016 或 2015 年，當嬰兒潮世代大批退休時，社安體系的稅收將少於社安福利支出的數額。一旦越過此一分界線，目前為聯邦預算巨大助益的社安制度，即將成為一個巨大的負擔。

市場潰敗，打擊最大的是最近的退休者和希望在最近數年依賴股市獲益提早退休的人士。不僅他們的股市投資一蹶不振，他們的短期投資收入也受到影響。由於短期利率接近破紀錄的新低，貨幣市場基金的收益已縮水到 2%以下。

如果你採取更為務實的期望，你還是能夠照常儲蓄、努力工作，在你「鞠躬盡瘁，死而後已」之前過退休生活。不會像八〇和九〇年代那樣輕鬆，但肯定不是不可能的。要記得牛市之前的五十多年，上千萬人還不是穩穩妥妥安排他們的退休生活，而不必流浪街頭，或住到子女的地下室去。9%的收益雖然沒有 20%理想，但同樣有助於財富的累積。

而在消沉的時代也有其值得樂觀的一面。由於股價偏低，目前的職工和投資者有更好的機會以低價買進，高價賣出。八〇和九〇年代的股市榮景是無法長期維持的。如果再延續數年，泡沫會更大，一旦爆破，所造成的損害也就更深。

　　市場的情況如此，在市場的法則突然重新生效之前，你該如何應對？和你在榮景時代應該採取的方式差不多，就是盡量量入為出，不要寅支卯糧，負債累累，而寄望奇蹟來救你出圍。投資要經常進行，並且分散投資項目。社會安全局的建議應銘記在心，不能依賴社安支票作為你唯一的退休收入。

　　不管有人如何承諾，社安福利肯定會比目前的標準縮減。越年輕的人縮水幅度越大。已經退休或即將退休的人，退休金不會減少，但退休年齡會延長，通貨膨脹調整幅度也會降低，而較富有的退休者受到的影響就更大。完全依賴社安金過活，現在來說已經捉襟見肘，將來就更是度日如年。

　　並且要特別記取安然公司（Enron）的教訓，不要將退休和職業寄託在同一家公司，不管條件多好、多誘人，不要將退休金全部購入雇主公司的股票。即使你的公司不是安然，你也可能會慘遭打擊。看看風光一時的奇異、西科和摩根大通（JP Morgan Chase）現在淪落到何種地步。

　　最後還有一句話，不要緊張。預測總是嚴酷的，只要懷抱實際一點的目標，努力以赴，小心投資，還是可以過著無憂無慮的日子，送子女進大學。雖然沒有辦法開法拉利，福特野馬總是可以的。（《世界周刊》June，2002）

藝文翻譯

一、咖啡人生

我和妻子有很多分歧的性格，當然也有一些相同的習性，譬如喝咖啡就是其中之一。當初她的一個同學介紹我們認識的時候，就是約在台北的「銀馬車」咖啡館喝咖啡。也許是咖啡因效應吧，我們就這樣結下了數十年的情緣。

談到咖啡，就不能不提咖啡館。五、六十年代在台灣，喝咖啡多半是偶爾到咖啡館的享受，因為那時生活艱苦，家裡準備咖啡的還不多，而咖啡館有安靜的環境，美好的音樂，當然更有濃濃的咖啡飄香，因此就吸引了文人雅士，或者自命風雅人士的青睞了。就像咖啡在十六世紀中葉從中東流傳到歐洲以後，繁華的貿易港都威尼斯便在一六四五年誕生了第一家咖啡館。一百年後，僅聖馬可廣場就開了廿多家咖啡館，有的還設置弦樂團演奏音樂。威尼斯人不僅在咖啡館聽音樂，談政治，打牌消磨時光，咖啡館也成為情人的幽會之處咖啡館迅速傳到了巴黎、維也納、阿姆斯特丹，巴黎人更別出心裁，設置路邊咖啡桌，全城飄香。西班牙電影導演布紐爾在自傳中說，「如果巴黎沒有咖啡館，巴黎就不再是巴黎了。」而維也納如果沒有咖啡，維也納的華爾滋還會那麼扣人心弦嗎？

巴黎的咖啡館可以說已經成為這個城市的體制，人們把它當做俱樂部，當做酒館，當做小吃店，好像是客廳的延伸。有的在裡面閱讀，有的在寫作，有的在做作業，或者在看人——也被人家看。而最值得看的其實是香榭里舍大道上的富歌（Fouquet）咖啡館了。1901 年開業的富歌，已經是這條大道上的一個典雅的裝飾，是影

星卓別林、瑪琳黛德麗、奧德麗赫本，名流如邱吉爾、羅斯福乃至賈桂琳歐納西斯喜歡光顧的地方。富歌其實也是一家正式餐廳，但是很多人只是來享受一杯咖啡、一杯葡萄酒或一客三明治。巴黎還有另外一家全世界有名的咖啡館，那便是位於拉丁區的花之咖啡館（Café de Flore）。這家設在聖日爾曼大道的咖啡館雖然吸引了來自全世界的客人，但仍然維持其拉丁區的風格。二次大戰時，存在主義大師沙特經常穿著皮夾克，戴了鴨舌帽，在這裡喝咖啡，寫他的「自由之路」（Road to Freedom）。畢卡索則在這裡畫素描。當然，這些大師現在已被遊客取代了，而花之咖啡仍然欣欣向榮，盛況如昔。

我和妻子喝咖啡，從台灣喝到南非，從南非喝到美國，再喝到歐洲。不管是到點心店、餐廳或自助餐廳，總是先來一杯咖啡。最值得記憶的是在萊茵河的遊輪上，一面品嚐著香醇的咖啡，一面欣賞兩岸如詩如畫的美景，聆聽「羅蕾萊」如泣如訴的歌聲。恍惚中，我似乎看到羅蕾萊巨石上果真站著一個誘導水手的妖女在引吭高歌。還有一次是在瑞士鐵力士山上，標高一萬呎的山頂，積雪未化，寒氣襲人，我們坐在臨窗的咖啡座上，看層巒疊嶂，白雪皚皚，一面啜飲著暖人心胸的香濃咖啡，感嘆這才是人生。

一般來說，美國的咖啡不如歐洲的香濃，使用的咖啡杯不如歐洲的細緻。美國餐廳一般都是用大圓杯，一喝幾大杯，也許是開疆闢土時代留下的粗獷作風吧。歐洲多半使用有碟的瓷杯，或者較小的杯子，就連麥當勞的紙杯也比美國的小。像茶一樣，咖啡是要細細品嚐的飲料，不適合狼吞虎嚥的飲法。此外，裝糖和奶水的盛具都要精緻配合，才能達到賞心悅目，齒頰留香的效果。

甚至煮咖啡的方法也有不同。阿拉伯風味的咖啡是將咖啡粉在滾水中浸泡待其沉澱，只喝其上層澄清的部分。歐洲式的過濾法是法國在十七、十八世紀發明的。大仲馬小說《基度山恩仇記》中提

到，當青年法蘭茲到基度山島訪問時，基度山伯爵的佣人拿咖啡待客，伯爵問他，「你喜歡什麼樣的咖啡？法國式的還是土耳其式的？濃的還是淡的？「我想喝土耳其式的咖啡，」青年答。「我現在可以了解你在東方生活的經驗了，」伯爵說。不過，現在一般家庭都採用過濾法，只有品牌和濃淡不同而已。

　　咖啡流傳至今三百多年，雖然有一些不利健康的報導，但仍然阻擋不住投入這種褐色液體的人潮。那流淌在口舌間的褐色汁液之所以迷人，在於伴隨著咖啡的記憶、思潮和人物。所以年代使得咖啡美味，朋友使得咖啡甘醇，閱讀使得咖啡芳香。問一問妻子還要喝咖啡嗎？她說：「當然，沒有咖啡人生還有什麼意義！」真是咖啡人生。（世界副刊 Aug., 2002）

二、月光奏鳴曲

第一次聽到〈月光奏鳴曲〉這個名稱是小時候讀到的一篇文章。內容說在一個月光的夜晚，貝多芬在鄉間的小路上散步，聽到一個小房子裡有鋼琴的聲音傳出。屋裡有一個女孩子說，如果這時候能聽到貝多芬來彈這首曲子，那該多美妙。貝多芬於是走進屋內親自彈了他的這首作品，屋內女孩聽得如醉如癡。

月光奏鳴曲（Moonlight Sonata op27, no2）是貝多芬 1801 年的作品，不久就成為他最有名的奏鳴曲之一，而一直到今天仍然深受人們喜愛，經常為演藝界引用。十九世紀樂評家瑞爾斯達（Heinrich Rellstab）形容它的第一樂章「有如在月光的夜晚，划一葉輕舟，蕩漾在靜靜的盧桑湖上，」而使這首抽象樂曲有了具體的詮釋。因此，月光奏鳴曲並不是貝多芬本人的命名，而是在他去世十年後才加上去的曲名。

不過，月光奏鳴曲並不全是平靜安詳，行雲流水似的曲風。貝多芬在這首奏鳴曲中嘗試改變大型奏鳴曲的表現方式，將比重放在最後的第三樂章，使這個樂章具有成熟完美的奏鳴曲格式和一個強烈激越的終章，而第一樂章自然隨意的旋律有如序曲，不過是為蓄積最後樂章的爆發力做準備。作曲家為什麼會在最後樂章爆發出如此強烈的怒火，原因並不清楚。

最近引用這首音樂的是獲得今年奧斯卡導演和男主角金像獎的《戰地琴人》（The Pianist）電影。在德軍攻破華沙的一片廢墟中，背景中有月光奏鳴曲的樂音緩緩流轉。也許，這是這位命途多舛的

鋼琴家喜愛的樂曲之一吧。華語影視中引用這首音樂的，據我所知有電視劇《人間四月天》，男主角徐志摩在康橋邊對著他心儀的情人，朗讀著詩人濟慈的〈夜鶯之歌〉(Ode to the Nightingale)，月光奏鳴曲第一樂章的背景音樂隨著詩句的韻律抑揚起落，情境非常浪漫和溫馨。不過這對情人最終並沒有成為眷屬，是不是這首音樂最後一章爆發性的結尾，本來就是一個不幸的預兆呢？

　　無獨有偶，伊拉克被推翻的總統海珊的長子烏岱，雖然奢靡腐化，揮霍無度，但在音樂上可能還有不錯的品味。在他眾多女友的情書中，有一封寫著：當你聽著我和你初次聆賞的貝多芬月光奏鳴曲時，請念著我。而烏岱的愛情恐怕也會隨著海珊的倒台而煙消雲散了。這也是月光奏鳴曲帶來的宿命嗎？（世界副刊 June, 2003）

三、平安夜

　　一樁奇妙的不幸，引發了兩位奧地利青年的靈感，而作出這支萬古不朽的快樂之歌。

　　這是聖誕節的前夕，當室內一切都靜止了，甚至連一隻老鼠的擾亂也沒有……

　　　　　　　　　　　　　　　　　　克里門・C・摩爾

　　但是 1818 年的 12 月 23 日，在奧地利凍結了的薩爾扎克河河岸上，一個距離薩爾斯堡不遠的，叫做歐本道夫的村子中，一隻老鼠的的確確擾亂過。

　　他不僅是擾亂：他還侵入到村子中古老的聖・尼古拉教堂的風琴室，在那裡，這隻又冷又餓的小東西作了一次惡，因而引起了一連串使全球迴響的事件。

　　那是第二天的早晨，清爽、寒冷。這個故事的主角，一位穿著常禮服和長襪子的男士走進聖・尼古拉教堂，坐到風琴邊。

　　他的名字叫做法蘭茲・克魯伯，一位頭髮黝黑、面容愉快的三十一歲的青年，他還有著高高的鼻子，寬的下顎，和一雙友善的眼睛，這個世界從來沒有聽說過他，但是在歐本道夫和恩斯道夫兩個相鄰的村子裡，他可是個大人物。因為在恩斯道夫他是小學的校長，同時他又是歐本道夫教堂的風琴師。

　　現在他把大衣的衣尾收好，調整一下櫈子，腳踏上踏板，開始按下琴鍵。但是風管中沒有聲音發出來──除了一些柔和的嘆息。

在克魯伯還沒來得及檢查這件不愉快的事情前，他聽到開門的聲音，便轉過身，看到他的朋友約瑟夫‧莫爾走了過來。莫爾也是一位音樂家和副教士，在尼古拉教堂沒有找到一位常任牧師之前，他是暫時被派在這裡服務。克魯伯叫道：「仁慈的主，約瑟夫，到底是怎麼回事？」

這位二十六歲的年輕傳教士，有一對快樂的眼神和愉悅的態度。他攤開雙手，做了一個無助的姿態，並且招呼他的朋友跟他來。

他把克魯伯帶到風琴的鍵盤後面，指出下面有一塊供應風力的皮革上有了一個洞。「今天早晨我發現的，一定是老鼠咬的，一踏上去，整個的垮了。」

克魯伯檢查了損壞的情形，心想聖誕夜聚會而沒有音樂是不可想像的，他叫道：「老天爺，這下可慘了，怎麼辦呢？」

「呃！」莫爾神父有點不好意思地說：「我已經寫了一首短詩。」他咳嗽了一下又改正說：「實際上是一首歌詞。」

小學老師對他的朋友笑了笑說：「我猜你一定會寫的，你常常像一位詩人，而不像教士，我不知道你為什麼選擇了教士的制服。」

莫爾神父不安地說：「不是那種歌。」

克魯伯又為他的激動引起一些微笑，因為莫爾神父的確喜歡「那種歌謠，」那種當新酒釀出時，農人們和船夫們和著吉他而唱的一類的歌曲。這就是使得那些虔誠的教徒們嘀咕，教堂理的神父皺眉的原因。

怪不得，克魯伯想，他這位年青的朋友有點野性不馴，他的母親是薩爾斯堡的一個縫衣婦，受到丈夫的遺棄，因而沒有人主持她的小約瑟夫的洗禮。最後還是公共行刑官代替洗禮中的父職，後來一位天主教人士供應了他的教育費用，並且介紹他到教會工作。

克魯伯低下頭來看這首詩，並讀了它的第一節，一股奇異的泉流從他脊骨流下，果真這不是「那」種歌。好像有一隻手放在他心上，向他和平地，簡單地，溫'暖地敘述著。克魯伯從來沒有受到文字這樣深切的感動，他像已經聽到遙遠地方昇起的音樂聲音。

莫爾神父差不多是道歉着說：「我只是想，既然風琴不能發聲，你或者可以安排一點吉他的節目，或者兒童們簡單的合唱。」

克魯伯說：「好的，好的，讓我把這首歌詞帶回家，看看我們怎麼去做。」

在回到恩斯道夫一個小時的雪路上，克魯伯不停地在作著曲，他曾經遇到三個裝扮「三個國王」的啞劇伶人，但卻視而不見，歌詞和音樂已經開始溶合了。

> 平安夜，聖誕夜：
> 萬暗中，光華射。

像聾了的貝多芬，他聽到那些音符在內心迴盪。

> 照著聖母也照著聖嬰，
> 多少慈祥也多少天真，
> 靜享天賜安寧。

他想要替兒童們撰作的合唱曲在腦海中隱現。

他坐到自己房內的小鍵琴旁，這是一間簡單的松木地板的房間，有瓷器大盆，一些鬆漆的家俱，牆上掛著一個十字架。歌詞引動了旋律，音樂像泉湧而至。

那天下午在教士的自修室裡，來了十二位穿著暖和的羊毛襪、夾克和圍巾的男孩和女孩，這兩位大人則調整了他們的吉他，反覆練著樂曲。

「好了，現在我們開始，漢斯、依娃、派特立，你們這樣唱……達，達，達，達！還有你們，葛麗特、賴塞爾、約翰，你們這樣唱……打，的，打，的，打，打。」

這兩個人滿意地互相看了看，太嚴格了一點，第三節有點問題，但是很快地矯正好，大致已沒有問題。

聖誕夜！雪的外層結了薄殼，下面卻是乾燥的，在教友們皮靴的踐踏下發出裂帛的聲音，安靜的夜空中，飄揚著他們「仁慈我主」的歌聲！空氣清澈而寒冷，呼吸時鼻管都感到疼痛，星星好像懸掛在空際，閃亮著，像是聖誕樹的裝飾。

鐘聲在聖‧尼古拉教堂白色的塔頂上沛然而鳴，裡面成千支燭光在金色的燭座上搖曳閃爍，使得那尊木做的哥德式的聖母像分外顯得柔美而動人。教堂是用松樹球、常春藤和聖莓裝飾的，教友都擠坐在硬木板櫈上，男人們穿著朧腫的羊毛袍子，婦女圍起明亮的圍裙，以及彩色的披肩。

當克魯伯和莫爾拿著吉他，帶領著十二位兒童出現在聖壇上的時候，引起了一陣驚奇的不安，那些虔誠的信徒以不樂意的眼光看著掛在樂器頸子上五彩繽紛的垂穗。同樣彩色的絲帶也紮在小女孩們的髮瓣上和男孩們的襪子上。

克魯伯點了一下頭，他們開始撥動琴弦，莫爾神父的男中音和克魯伯校長的低音充溢在這座古老的教堂裡。

〈平安夜〉這首聖誕節歌曲因此第一次被聽到……同時第二天就被忘記。沒有任何參加那次聚會的人，甚至那兩位共同創作這首聖歌的小詩人和小音樂家會猜到，這首歌將流傳全球。做夢也沒有人會想到天才的火種只在這兩個小人物身上燃燒了幾個小時，以後便讓他們默默而去。由於經過他倆在聖誕節奧地利一個小村子裡的神奇合作，一首不朽的音樂已經產生。

　　這首傑作所以從遺忘中得到保存是很偶然的，一位叫做卡爾‧摩來喬的風琴修補匠，第二年的春天從翠納陶地方來修補下面壞了的部分，問起聖誕節聚會沒有音樂怎麼辦。克魯伯告訴了他，「不值一提的小事情，」他說：「現在我也不曉得放在那兒，莫爾也沒在這裡，等一下……或者我可以找一找。」

　　他在教堂後面一個小小的食櫥，染滿灰塵的舊紙，記事本中找到了這首歌。

　　當這位修補匠喃喃地讀著樂譜時，從他廣闊的胸脯昇起一縷深沉美妙的旋律，「非常美妙」他溫和的說：「可以讓我帶回家嗎？」

　　克魯伯高興地笑了起來，因為他們小小的努力總算得到了賞識，「隨意拿去吧！風琴修好了以後，這首歌再也沒有什麼用處了。」

　　摩來喬收拾好工具，扛在肩上回到了家，法蘭茲‧克魯伯忘記了這件事，就這樣平安夜的歌詞和音樂旅行到了翠納脫山谷，開始它沒有止境的環球之行。

　　這支歌從奧地利流傳到德國時，是被當做民謠音樂的，到了後幾年，莫爾和克魯伯才承認是他們的作品，但是他們一分錢也沒有賺到。它越過了邊境，又由歐洲移民帶到新大陸。

　　莫爾和克魯伯死時，一如他們出生時的一無所有，但是克魯伯的吉他仍然為他演奏，每年到聖誕節，這隻傳家之寶便被拿到聖‧尼古拉原址為紀念莫爾和克魯伯而建築的教堂前，伴和著一群圍繞著聖誕樹的兒童們，演唱那支全世界最喜愛的名歌。（刊於中華副刊，Paul Gallico 原作）

四、古典的迷思

「好萊塢音樂碗」（Hollywood Bowl）演出普奇尼的歌劇《杜蘭多公主》（Turandot），因為這是一齣中國故事的西洋歌劇，在好奇心的驅使下，決定前去看看熱鬧。

義大利作曲家普奇尼是比較近代的古典音樂家，他生於 1858 年，1924 去世，以歌劇傳世，而杜蘭多公主是他最後一部歌劇，沒有完成便離開人世，後來由法蘭哥·阿芳素繼續完成。

廿世紀初葉，東西方交流已逐漸頻密，普奇尼以為他懂得東方，或者聽到一些東方的故事，於是作了兩部有關東方的歌劇，一部就是杜蘭多公主，另一部是更為有名的蝴蝶夫人，其中的詠嘆調「美好的一日」，喜歡或不喜歡古典音樂的人，差不多都知道這首歌。

但是好萊塢音樂碗演出的杜蘭多公主，好像和我在電影或電視上看到的，以舞台劇表現出來的歌劇不一樣，全部演唱只是由身著禮服的演唱者，在樂隊的伴奏下對著麥克風清唱。這齣歌劇的故事是說，中國某個朝代的公主杜蘭多，用猜謎的方式招親，應徵的王子必須回答三個謎語，如果失敗便得處死，最後由北方的韃靼國王子贏得芳心，而這個王子的名字是「愛」。其實，猜謎招親的方式也是西方神話中的情節，所以很難說這是一個中國故事。

全部演唱其實我都不大懂，只知道其中一首詠嘆調 Nesseum Dorma 是三大男高音之一帕瓦洛蒂喜歡演唱的歌曲。不過比較特別的是，合唱部分是以中國民謠「茉莉花」為主旋律，貫穿全場，獨唱部分也不時出現這種旋律。另外，我在洛杉磯古典音樂電台還聽

過茉莉花的管弦樂演奏，因此這首歌曲是西方人比較熟悉的中國音樂，也因此張藝謀在 2004 年雅典奧運閉幕式中安排一個小女孩演唱茉莉花，不是沒有道理的。

　　還記得讀初中上音樂課時，唱過一首「念故鄉」的歌，歌詞是：「念故鄉，念故鄉，故鄉真可愛，天甚清，風甚涼，鄉思陣陣來，故鄉人今如何，常念念不忘……」，後來發現，這首歌的旋律竟取自德沃扎克的〈新世界交響曲〉。唐朝詩人孟郊的一首古詩〈遊子吟〉也被譜成藝術歌曲，調子則採自德國作曲家布拉姆斯的一首序曲（Overture）。浮爾第的歌劇《弄臣（Rigoletto）》中一首「善變的女人」（La Donne Mobile）幾乎成了流行歌曲，大街小巷，人人都可以哼上幾句。以前台灣城市垃圾車用來通知住戶的音樂〈給愛麗絲〉，原來還是貝多芬的作品。可見古典音樂中也有很多平易近人，可以朗朗上口的調子。

　　再說華爾滋音樂吧，這是十八世紀末在奧地利和德國興起的流行音樂，本來是跳舞用的三步舞曲，但是經過史特勞斯父子的努力，一首首華麗，流暢，優美的圓舞曲流傳到了全世界每一個角落，像藍色多瑙河，維也納森林，南方的玫瑰，皇帝圓舞曲，都是那麼令人沉醉著迷。記得我和妻子到歐洲旅行時，巴士經過維也納附近的多瑙河，車上揚起了藍色多瑙河圓舞曲，音符在流轉，河水在流轉，感覺上好像到了夢境。還有一年，我在約翰尼斯堡市政廳，欣賞他們的交響樂團的免費演奏會，其中有一首也是藍色多瑙河，當時我不但沉醉在那些飄揚的，旋轉的音符中，同時也感動不已，認為我們何其有幸，能夠享受這些天才嘔心瀝血的結晶，而我們又能貢獻什麼呢？

　　說到三大男高音，他們轟動全球的經典演唱，多半是歌劇選曲或者是藝術歌曲和民謠，但他們也演唱一些電影主題曲，如西城故

事中的「今夜，」第凡內早餐中的「月河」等。而將古典和現代音樂熔於一爐，生動表現出來的，可說是波士頓現代樂團（Boston Pop）了。古典和流行的分別有多少呢，我感到有點不解。（刊於《洛杉磯環球彩虹雜誌》）

五、翻譯即背叛

——閒談翻譯上的一些問題

　　美國大多數城市都設置有「老人中心」，提供休閒，育樂以至教育方面的活動，來服務年長一些的居民，效果非常顯著。所謂老人中心，原文 Senior Center 有年長、長者的意味，意涵實較「老人」為謙和與禮貌，不像「老人」這樣帶有貶抑意味和直截了當。但是用長者中心或金齡中心，又顯得有些做作和未達成共識，難以獲得一致的認同。這便是兩國文字在互譯時發生的的尷尬情況，因為一國的文字是根據其文化、歷史和民族的傳承演變而來，有時候另一種語文不一定有完全一致的用語。

　　譬如說，在人倫關係上，華人的很多稱謂就無法翻成貼切的英文。華人的伯伯、叔叔，舅舅、姑父、姨父都是完全不同的關係，舅媽，姨媽，嬸母和伯母當然天差地別，但在英語中都是 Uncle 和 Aunt。再說表兄、表弟，堂兄、堂弟，表姊，表妹，其中還有姑表、姨表的不同，而英文都是 Cousin。就說可以加上性別如女性的 Cousin，但是姑母家的表姊和叔叔家的堂妹，根本就是大不相同的兩種關係。英文中的兄弟和姊妹就不如華文的哥哥、弟弟，或姊姊和妹妹來得清楚。翻譯新聞時遇到這些字眼時，除非有說明是女性還是男性，否則只有像買樂透一樣碰運氣了。

　　雖然有的英文意義令人困惑，中文同樣也有無法以英文表達的地方，譬如有人認為中文的「緣份」就沒有適切的英文。有人說可以說成 fate，但另外一個字可能更為貼切，那就是 affinity.真正困難的是中共建政後創造的一些辭彙，像是「愛人」。愛人是一種法律

身份嗎？能不能叫做張愛人或王愛人？中共建政以後，以為過去的太太、先生太過封建和落伍，所以放棄不用，不過這些稱謂都是文明社會最基本的的用語，也是人與人間最普通的禮貌，即使不用，也可以用妻子或丈夫，或者更通俗一點用老婆和老公，固然不必創造出這種不倫不類的稱呼。翻譯英文時愛人似乎只能翻成 lover，這便會引起法律問題。

還有，中國將通用的北京話叫做「普通話」。普通話翻成英文時是什麼？Common language 或是 Ordinary language？如果翻成 Mandarin 或 Official language，那就是國語了。日本也有國語嘛！中共建政前用了數十年的「國語」為什麼棄置不用？以流行歌曲來講，實際上有廣東歌，台語歌曲，國語歌曲和其他地方曲調，大陸上國語歌星是不是叫「普通話歌星」？中共和國民黨鬥爭數十年，建政以後忌諱一切和國字有關的名稱，因此國語改成普通話，國文改成漢文，國民小學改成小學，這也是一種權力的傲慢吧。

最近在新聞報導上常看到「粉絲」兩個字，甚至國府一位高官也脫口而出，起先我以為是食品，後來才知道是英文 Fans 的音譯。當然這個英文字是有點彆扭，說某人是某影星的影迷，歌星的歌迷，都還說得過去，如果是某作家的忠實讀者，或者是某球星的熱心觀眾，該是什麼迷呢？像有一些音譯的名詞如可口可樂，漢堡王，可說是音意兼顧，但粉絲的譯法我認為有商榷的餘地。再者，做秀（show）或看秀這個字現在大家都能習慣了，派對（party）大家也都知道是怎麼一回事。可是我在報上看到「轟趴」，可使我丈二金鋼摸不著頭腦。我以為發生什麼轟炸事件，後來才知道是家庭派對（Home party）。那末為什麼不就用家庭派對，而用這種奇怪的名詞呢？還有，英文的 cool，本意有美好的意思，中文現在變成「酷」，酷是不是能代表美好呢？

　　多年前，作家余光中先生批評今人的中文「西而不化」，也有學者專家發起過淨化中文，清除中文污染運動，而現在台灣又出現中文程度普遍低落，學生用詞有不知所云的清況。要提高中文水準，領導社會的媒體應該負起更大的責任。

　　再說食物，因為都是各民族歷代傳承的結晶，有一些很難能用其他文字來表達。譬如 Pizza，只好翻成匹薩，Pie 常常翻成「派」。日前看到一篇短文說，韓國的饅頭（Mandoo）是餃子，日本的饅頭（Monjyu）像包子，而捷克的餃子（Knedli，英文譯為 Dumpling）又像饅頭。中國的餃子只能勉強譯為 Dumpling。義大利有一句諺語是「翻譯即背叛」（Traduttore，Traditore），看來還很有道理呢。（於洛杉磯 2007）

六、借來的珠寶

　　台灣的前第一家庭因為涉及貪瀆受到指控和調查,第一夫人的珠寶玉石因為沒有按照法規申報而受到質疑,第一家庭說一部分珠寶是借來的。這使我想起法國小說家莫泊桑（Guy de Maupassant）一篇著名的短篇小說〈項鍊〉（The Necklace）,就是因為借用珠寶而引起的悲哀故事。

　　〈項鍊〉的故事是說,教育部一名小職員的妻子麗質天生,性愛虛榮,想到的總是美食華服,珍鑽玉石,因此她總是自怨自艾,認為上天辜負她的美艷。

　　有一天,她的丈夫高高興興回家,帶回部長的一份請柬,要他們參加一個舞會。妻子為了應付舞會的衣飾,向一位有錢的老同學借了一條鑽石項鍊配戴。不幸盡興狂歡回家後,發現項鍊不翼而飛。夫婦兩東拉西借,花了三萬多法郎買了一條相似的項鍊還給老同學。妻子則辭退女佣,親自操持家務,烹煮洗刷終日忙碌,辛苦了十年終於還清欠債,但人也變得蒼老憔悴,不復當年了。

　　後來有一天,她在香榭大道遇到老同學,老同學竟然不認識她,問她為什麼變得這麼多。她則把事件經過相告。老同學則說,你這又何苦呢,那條項鍊本來就是人工鑽石呀。

　　從這個故事看來,借珠寶首飾的行為,即使有也只會發生在苦哈哈而又愛慕虛榮的小市民身上。第一家庭久居要職,財富當然遠在一般人之上,而第一夫人母儀天下,本來就是全民景仰的表率,言行舉止都是大家的範式,不必憑藉珠光寶氣來增加她的

光輝。我們就沒有看過前蔣夫人宋美齡女士穿金戴銀出現在公共場合。

　　當然，鑽石珠寶人人喜愛，特別是女士們，所以珠寶業宣傳鑽石的口號便是鑽石是女士最好的朋友，也因此引發一些由於喜愛珠寶而導致的貪瀆行為。台灣的第一家庭因為將商家贈送的結婚禮物對表拿回到店家交換鑽石戒指而引起抨擊和調查。這也使我想起法國路易十六時代發生的一件鑽石騙案。

　　法王路易十六的皇后是來自奧地利的公主瑪麗·安東娜，路易本人顢頇無能，不理政事，瑪麗嬌生慣養，不知人間疾苦，引起了後來的法國大革命。有人告訴皇后說人民沒有麵包吃了，她說讓他們吃蛋糕嘛。不過據說這是人們詆毀她所編出來的故事，因為她不是法國人，又嬌奢淫佚，法國人很不喜歡她，所以才編一些故事來臭她。

　　這時有一位叫羅罕的大主教（Cardinal de Rohan）希望拉攏和凡爾賽宮的關係，正好有一位叫做拉摩提的伯爵夫人（Countess de LaMotte）表示願意助一臂之力。不過她並不是真正的伯爵夫人，而是一個騙子。她請一位女子喬裝為瑪麗皇后，和大主教約在凡爾賽宮的花園會面，時間是晚上。假皇后給了大主教一枝玫瑰便匆匆離去，讓大主教以為見到了真正的皇后。

　　隨後拉摩提夫人便傳話說，皇后想請大主教代為購買一條鑽石項鍊。大主教奉命唯謹，便購置一條鑽石項鍊交給拉摩提夫人，以為皇后會付給他項鍊價款。當然，瑪麗皇后根本不知道有項鍊的事，而拉摩提夫人則把項鍊交給丈夫，帶到倫敦出售納入私囊。這時珠寶店要求付款，「假皇后真鑽鍊」的事件終於曝光。主教和拉摩提夫人雙雙被捕。主教在審理後被判無罪，拉摩提夫人被判入獄和鞭笞，出獄後逃至倫敦，散佈一些惡意的流言來詆毀瑪麗皇后。

　　雖然瑪麗皇后並未涉入這件騙案，但一般大眾還是認為她拿了項鍊而不付款。甚至有流言說她和拉摩提夫人有曖昧關係。鑽石項鍊也可以說是造成路易十六王朝崩坍的重要因素之一。因此如果說鑽石是女士最好的朋友，又何嘗不是最大的敵人！是敵是友，就看你怎樣對待它而已。（於洛杉磯）

七、浪漫地中海

　　天空是蔚藍的，海洋是湛藍的，平靜的；海灣中白色的風帆輕搖盪漾，遊樂快艇往來穿梭。沿岸點綴著白色或紅色地中海式建築，而氣候終年溫煦明媚，沒有酷寒和酷熱，難怪旅行社在廣告中以浪漫來形容地中海。今年夏天，我和內子偷得浮生半日閒，搭乘了「名人」（Celebrity）遊輪公司的「銀河號」（Galaxy）遊輪，在地中海上做了 11 天的浪漫之旅。

　　我們是從洛杉磯乘達美航空班機，在紐約轉義大利航空，於第二天中午到羅馬上船。羅馬的達文西機場距離遊輪停泊的西維達維查港（Civitavecchia）還有一個多小時的車程，好在我們已訂好由遊輪公司接機，下了飛機，找到接機人員，把行李交給他們，便開始我們 11 天忘卻塵寰的生涯了。當然，你也可以自行搭乘計程車上船，不過車費以歐元計算，比船公司接機費用還要貴，而如果遇到不肖司機繞道亂開，就更損失不貲了。

　　現代遊輪越來越龐大，越豪華，是大家耳聞目睹的事。以我們搭乘的銀河號來說，重量達七萬八千多噸，可乘 1800 多名乘客，雖然還比不上最大的 10 萬噸或 11 萬噸的巨輪，但和我當年在軍中赴外島所乘的兩千噸登陸艇比起來，簡直不可同日而語。（較新的雷根號航空母艦為九萬七千噸。）這種巨輪行駛在有如內海的地中海，平穩舒適，有如遊湖，一般不會有暈船不適的問題。

　　而船上設備的豪華寬敞，也不是外人所能想像。銀河號上主要休閒設施有一個劇院，一間電影院，兩個游泳池和漩水浴，其他有

健身房，籃球和排球練習場，高爾夫練習場，七重天夜總會，圖書館和連在一起的牌戲室（橋牌和其他紙牌），一個音樂廳和賭場。還有商店和大小不等的休閒室。這些設備不是聊備一格的樣板，而都是寬敞實用的舒適設施。以戲院來說，有可容納近一千人的寬敞座位，兩個座位前還有可以放置酒杯的小枱子。我們所住的房間是普通的一種，但也有一張特大號床舖，可供書寫和化妝的桌子和一張椅子。淋浴盥洗設備當然都很講究。

現代遊輪設備豪華

以餐飲設備來說，有一個可容納一千人的正式餐廳—獵人餐廳（Orion），頂樓有可容納 600 人的自助餐廳，還有小型咖啡廳和香檳吧之類。除了獵人餐廳每天開放三次外，其他餐飲大部分時間都提供服務。獵人餐廳晚餐分兩班進餐，坐位是固定的，也就是說，每天都是相同的旅客坐在一起，也就比較有共同的話題。早班晚餐六點多進餐，以便觀賞九點的劇院表演，晚班是八點開始，用完餐看十一點的表演。

和我們同桌的是兩對蘇格蘭夫婦。一對是退休年齡的布萊恩和多琳，另外一對比較年輕。一般來說，英國人比較保守內向，從這次經歷也得到印證。譬如，晚餐可供應一杯葡萄酒，這是西人最流行的餐桌飲料，可是我們這一桌十一天沒有要過一杯。

這兩對蘇格蘭人態度很友善，布里安和多琳總會找些話題聊聊，但是蘇格蘭英語有很重的腔調，餐廳又有樂隊演奏，所以聽起來比較吃力。不過，他們也有聽不懂「美國英語」的時候，這話說來也很有趣。

原來第二天晚上劇院的表演由喜劇明星班尼梅森擔綱，這位老兄肚大腰圓，聲音宏亮，說到歌星普里斯萊，胡里歐伊格萊西，甚至男高音包華瓦蒂，都能夠模仿幾句。當然他也不時拿各國人士開開玩笑。其中有一個笑話說：一名教友對牧師說，他現在面臨生死關頭，即將失去車子，也要失去房子，甚至老婆也不保了，問牧師有什麼辦法。牧師說：你向河裡走去，走到一半時打開聖經，神會幫助你的。不久後，這名教友衣著光鮮，精神抖擻來見牧師。牧師問，你翻到的是那一章呢？他說第 11 章。

幾名蘇格蘭人一頭霧水，晚餐時談起來，問為什麼是第 11 章呢？我說，第 11 章是美國的破產法。宣布破產就得救了。幾位蘇格蘭老鄉才恍然大悟。我說，班尼梅森不是說，如果不懂可以問左右的觀眾嗎？他們說，他應該說問美國觀眾才行。

我們的遊輪經過一夜航行，第二天一早到達義大利南部名城那波里（Naples）。那波里位於維蘇維火山腳下，人口有 150 萬人，是義大利第三大城，海灣風光秀麗，是地中海著名的風景線之一。公元前 79 年被火山掩埋的龐貝古城就在那波里郊外，還有義大利民謠「歸來吧蘇連多」的蘇連多也在不遠處。不過我們只報名參加了城區的半天遊覽，看了最古老的購物中心，博物院廣場和高級住宅區。在城區看到很多公寓樓上掛著洗晾的衣物，很像亞洲國家的景色。

當晚開船，第二天一早就到了希臘小島米柯諾（Mykonos）。米柯諾是愛琴海旅遊勝地之一，以擁有 360 個教堂聞名。據說，這樣人們便可以每天參拜不同的教堂了。也叫做米柯諾的港口小鎮，街道狹小複雜，傳說是為了迷惑入侵者使他們找不到目標或出路。古代無法無天的時代，海盜常沿海打劫，居用這種方法自保，也可以說是消極抵抗吧。

參訪太陽神出生地

　　米柯諾最有名的景點還是附近另一個更小的小島堤洛島
（Delos）。神話上說是太陽神阿波羅的出生地。我們預定的陸上旅
遊便以這個小島為目標。在米柯羅港下船後，搭乘另一條小艇航行
十多分鐘便到了無人居住的堤洛島。年輕的女導遊用標準的英語解
釋，天帝宙斯和黑暗女神莉托相好懷了阿波羅，天后希拉得悉太陽
神將為其他女子所生，由嫉生恨，禁止地面任何地方讓莉托分娩。
莉托最後想到由妹妹阿絲特莉亞變的漂流小島歐洛提亞，情商暫借
作為生產之地，獲得阿絲特莉亞的同情，阿波羅幾經波折終於出
生。阿波羅是最偉大的天神之一，他後來將歐洛堤亞島固定，叫做
堤洛島或光明之島。

　　堤洛島古代曾有居民，住宅的基石和牆壁仍有保留，還有個小
型的露天劇院。神殿只剩下一些大理石柱，一排獅子的石像和其他
一些殘餘的基石。現在除了一間出售紀念品的小店外，沒有任何人
居住。導遊說是防止人們破壞遺跡和偷竊古物。但小島太小，只有
四，五平方公里，沒有飲水和物產，可能也是原因吧。

　　神話畢竟是神話，只能姑妄聽之，但這是西方文化的一部分，
你可以不相信，但多知道一點也無妨。

　　晚上從米柯諾港開船，第二天一早就到了另一個小島聖多里尼
（Santorini）。小島三千年前就有人定居，發展出重要文化，但公
元兩千年前火山爆發時成為廢墟，後來由腓尼基人（Phoenisians）
移入，發展成現在的文化，是希臘著名的觀光景點。

　　聖多里尼首城費拉（Fira）也是一個很特別的地方，主要是因
為建在港口上方數百公尺高的山頂上，從港口上去，可以乘幾乎垂

直的纜車「直上青雲」，或者從石階徒步上爬。我們坐了纜車上去
之後，決定不再乘令人不敢喘息的纜車，而安步當車走了下來。沿
途看到很多驢隊運送遊客上去或下來。在這種陡坡上坐驢子可需要
一點膽量，而驢子的辛苦也就可想而知了。我們在費拉街頭一家露
天咖啡店喝了一杯希臘咖啡，每杯一點五歐元，是比較便宜的一
家，可是味道也很純正。

　　從聖多里尼到島國馬爾他（Malta）因為距離比較遠，第二天
全天都在海上航行，第三天早晨才到馬爾他首府華萊他（Vallatta）。
馬爾他三個有居民的島嶼不過 122 平方哩，和大小金門差不多，人
口 37 萬多。大都集中在首府和舊都姆迪那（Mdina）附近。已有三
千年歷史的姆迪那有如一個大城堡，街道狹小，商店的門面和住宅
差不多，所謂廣場還沒有籃球場大。最特別的是一樓沒有窗戶，二
樓以上的窗戶有孕婦型的鐵欄，據說是為了防止盜賊入侵。

　　馬爾他有歐洲最古老的文化，由於位於地中海的中心位置，所
以曾受到諾曼人，法國人和西班牙人的統治，但並沒有採取重大措
施保護土著居民不受到阿拉伯，土耳其和北非摩爾海盜的入侵。到
16 世紀中頁，西班牙委任的騎士管理該島，在港口建立新都華萊
他，街道規劃整齊，也興建一個頗有規模的聖約翰大教堂，收集很
多教堂器皿，法蘭德斯的繡帷，也是很多騎士最後安息之地。1798
年為拿破侖大軍侵占，兩年後成為英國保護地，直到 1964 年才正
式獨立。因此英語和類似阿拉伯語的馬爾他語都是通行的語文。

巴塞隆納最美城市

　　從馬爾他到西班牙的巴塞隆納（Barcelona）也是比較遠的航
程，晚上六時開船，第三天早晨到達港口。巴塞隆納是北部卡特隆

尼亞區（Catalonia）的首府，港口優良，市容亮麗，是歐洲最美麗城市之一。20 世紀 30 年代西班牙革命推翻王室時，卡特隆尼亞曾爭取獨立，後來反革命的佛郎哥元帥獲勝，卡特隆尼亞仍為西班牙一部分。佛郎哥 1975 年去世，西班牙恢復君主立憲，卡特隆尼亞獲得自治權。

巴塞隆納曾主辦過世界博覽會和 1992 年奧運會，由此可見這個城市的規模。城市的建築混合了哥德式和摩爾式的多種風格，上世紀初名建築師安東尼・高迪（Antoni Gaudi）設計了城中多棟建築，最著名的是聖家堂（La Sagrada Familia）教堂，高聳的塔尖，精雕細琢的拱門和壁飾，成為城中獨特的景色。可是 19 世紀末開工的教堂，到現在仍未完成，遊客只能在教堂外參觀拍照。巴塞隆納其他的教堂和藝術館也很有名，如畢卡索博物館和米羅藝術館，可是我們沒有時間參觀。

銀河號最後一程從巴塞隆納到法國里維拉海岸，航程也較短，頭天晚上開船，第二天一早到達。里維拉海岸也稱做蔚藍海岸，海水清澈碧藍，海灘平緩漂亮，一向是遊客名流流連之地。海岸上有三個有名的城市，為尼斯，坎城和維拉法蘭琪港鎮（Ville franche）。蒙地卡羅也在不遠處。我們的船停泊在維港，因為我們曾去過尼斯和蒙地卡羅，所以沒有訂地區遊覽，只下船在維港逛了一圈。維港也是典型地中海小鎮，主要靠觀光事業，物價比較昂貴，普通午餐訂價都要二、三十歐元，我們因為船上有豐富的餐飲，所以中午還是趕回船上用餐。結果幾位蘇格蘭「桌友」說他們也是回到船上午餐的。

當天晚上，銀河號從里維拉海岸回到羅馬，第二天一早安排下船，各自回家，Arrivederci，Roma（再見，羅馬）。有個船公司的宣傳口號說，下了船你就是流放的國王（A king in exile），意思是你會戀戀不忘那種豪華享受的生活，總想有一天再續前緣。

節目繁多飲食精緻

船上每天發一份當天的行程表和活動節目，差不多每個小時都有安排，你盡可選擇有興趣的參加。像我比較喜歡的橋牌，通常是上午有美國橋牌協會派的指導員吉姆豪斯講解一些原則，試打，下午再正式打複式橋牌（Duplicate Bridge），紀錄分數，下船前一天還統計發獎，我贏得一頂棒球帽——不是我打得好，是因為我打得多，所以總分比較高。劇院表演主要是百老匯歌舞，也有安排鋼琴，小提琴演奏和魔術、脫口秀表演，都是夠水準的節目。

至於船上的餐飲，我想即使是美食家也無可挑剔。獵人餐廳的晚餐都是法式烹調，供應的是從開胃菜到甜點的全套正餐，還有樂隊演奏經典名曲。早晨和中午也開放供應，但是我們都是到頂樓的自助餐廳，享受自由自在的氣氛。就費用來說，這些餐飲消費如果在陸上的餐館，一天就得六、七十元以上，因此以一天一百元多一點的團費來說（有的遊輪不到一百元），還享受各種服務和表演，也就不算過份。

我們的目的是乘坐遊輪同時也能看到不同的文化和景觀，以增廣見聞，就這一點來說，這一趟地中海之旅可以說是不虛此行了。（《洛杉磯環球彩虹雜誌》）

八、賭注

原著安東・契訶夫

　　是一個黝黑的秋天夜晚，老銀行家在他的書室裡不停地踱來踱去，一面回憶著十五年前的秋天他所舉行的一個宴會。滿座俱是才智之士，談話充滿了興味。話題的範圍很廣，其中之一是極刑問題。客人之中不乏學者與新聞界碩彥，大多數都不贊成死刑。他們覺得死刑是一種陳舊的懲罰方式，不適合一個基督教國家，也不道德。因此有人認為極刑應該一律用終身監禁來代替。

　　「我不同意你們的觀點，」主人說。「我沒有被判極刑或者無期徒刑的經驗，但是我認為極刑要比監禁更道德，也更合乎人道。行刑在傾刻之間奪取一個人的生命，而終身監禁是慢性殺人，幾秒鐘之內結束一個生命和在很多年內一寸一寸地殺死一個人，到底那一種方式更為人道？」

　　「兩種都不人道，」客人之一說。「因為他們的目的是一樣的，消滅生命。國家不是上帝，它既然無法在需要時創造生命，便無權把生命奪走。」

　　在座之中有一位律師，是大約二十五歲的年輕人。問到他的意見時，他說：

　　「極刑與終身監禁是同樣的不人道，但是如果讓我選擇，我當然選擇後者。好死總不如賴活。」

　　跟著便是一場熱烈的討論。銀行家那時年輕氣盛，忍不住發了脾氣，一拳擊在桌上，轉身對這位年輕的律師道：

「我不相信你的話。我敢以兩百萬元打賭，你甚至不會在監牢裡呆上五年。」

「如果你說話算話，」律師說，「我跟你打賭，我不僅能呆五年，而是十五年。」

「十五年，一言為定！銀行家喊道。「我以兩百萬元為賭注。」

「就這樣決定，你說的是兩百萬元，我賭的是我的自由！」律師說。

這場瘋狂的、不可置信賭博就這樣決定。銀行家那時家產不知有多少個百萬，任性而狂傲，此時不免得意忘形。晚餐的時候，他打趣地對律師說：

「年輕人，還是理智一些吧。兩百萬元對我不算一回事，但你要損失三年或者四年寶貴的時光。我說三年或者四年，因為你絕不會在裡面待得更久。不要忘記，自願監禁比被迫坐牢的精神負擔要更重。你隨時有權出來的念頭將會毒害你在獄中的生命。我同情你。」

現在這位銀行家一面在房間內來回走動，一面回想這一幕往事，並且自問道：

為什麼要打這種賭？到底有什麼好處？律師損失了十五年的生命，而我丟掉了兩百萬元。這能證明極刑比終身監禁好些呢，還是壞些？不，不，簡直是無聊之極。對我來說，是一個闊佬的任性胡為。而律師則是財迷心竅。

他繼續回想宴會後所發生的一切。他們當時決定，律師要在嚴密的監視下，在銀行家的花園廂房裡實施監禁。並且同意，在監禁期間，他將不得越門檻一步，不准會見別人，不得聽到說話聲，或者接讀信件與報紙。但是他可以有一件樂器，也可以讀書、寫信、喝酒及吸煙。根據約定，他可以用無聲的方式，經由一個特別建造

的窗戶與外界連絡。不管是書籍、音樂或者煙酒，他都可以從小窗子中送一張字條出來索取。協定中有很詳細的規定，監禁必須是在孤獨狀況下完成。律師要從一八七〇年十一月十四日十二時入監，直到一八八五年十一月十四日十二時恢復自由。如果有任何違反這些規定的企圖，例如即使在期滿前兩分鐘逃出監禁，銀行家便可以不付這兩百萬元。

從律師的簡短的字條中可以看出，第一年監禁期中，律師感受到可怕的孤獨與單調。從他的監房中日夜不停地傳來鋼琴的聲音。他拒絕煙和酒。「酒，」他寫道，「能刺激慾望，而慾望是囚徒的頭號敵人，而且，世上最無聊的事莫過於獨飲美酒了。吸煙則會污染室內的空氣。」

第一年律師所要的書籍都是些輕鬆的讀物如內容曲折的愛情小說，犯罪與幻想故事，以及喜劇等。

第二年不再聽到鋼琴聲音了，律師轉而要求古典讀物。第五年又聽到音樂的聲音，律師終於開始喝酒。觀察他的人報告說，那一整年律師只是吃、喝、躺在床上。他常打呵欠，並且憤怒地自言自語。書沒有讀。有時在晚上他坐下來寫一些東西，寫了很久，第二天早上又全部撕掉。不止一次他們聽到他哭泣。

第六年下半年，律師開始狂熱地研究語言、哲學及歷史。他如飢如渴地研究這些書籍，律師幾乎來不及購買。在他的要求下，四年之內差不多買了六百本有關讀物。

在他的研究熱忱消褪之前，銀行家接到囚徒下面的信件：「親愛的監守，我用六種文字寫成這封信。把它們拿給大家看。如果他們不能發現任何錯誤，我請你下令在花園中開一槍。當我聽到槍聲時，我便知道我的精力沒有白費。世界各國的天才使用不同的語言來表達，但他們發出的光輝卻是一樣的。哦，你真不知道我多高興

能和他們心靈相通。」囚徒的願望實現了，在銀行家的命令下，花園裡發射了兩槍。

第十年以後，律師在桌前靜坐不動，所讀的只是一本新約聖經。一個人能在四年內研讀六百本浩瀚的典籍，而一年內卻只讀一本容易了解而又不厚的聖經，這未免使銀行家覺得奇怪。新約以後，律師又要了宗教史及神學。

在他監禁的最後兩年，囚徒沒有系統地讀了大量的書。有時他要自然科學，有時又讀拜倫和沙士比亞，他常常在一張信箋上同時要求化學、醫學、小說、哲學或神學等讀物。他如飢如渴的閱讀，好像是一個沉溺在佈滿了破片的海洋上的人，為了求生，不管遇到什麼都要抓住。

銀行家在回憶這些經過以後，想到：

明天十二點他就要獲得自由，依照協定，我得付給他兩百萬元。如果我付了錢，我便完蛋了，這將是我永遠的毀滅……

十五年前，他數不清到底有多少個百萬，但現在他不敢問自己，到底是債多還是錢多。玩股票，冒險投機，以及即使到現在還沒有改掉的粗心大意，已經使他在商場上一蹶不振。曾經是膽大驕傲，充滿自信的企業家，現在不過是一個平常的銀行老闆。商場的每一起伏都使他膽戰心驚。

「該死的賭博，」老人抱怨地詛咒。「為什麼這傢伙不死？他還只有四十歲，他將拿走我的每一分錢，結婚、享受生活、玩股票，我會像一個忌妒的乞丐一樣，看著他每天神氣活現地說：『我的快樂是你給的，讓我來幫助你吧。』不，這使人受不了。逃避破產與羞辱的唯一道路是把這傢伙整死。

鐘聲剛好敲了三下。銀行家傾聽著。屋子裡每一個人都已睡熟，屋外只有枯樹在冷風中呼嘯。他悄悄地從保險箱裡把十五年未

用的鑰匙拿了出來，穿上大衣，走出了屋子。花園裡黑暗而寒冷。雨在下著，陰濕的寒風在花園裡咆哮，不停地搖動著樹枝。

　　雖然他張大了眼睛，銀行家還是看不清地面，也看不到白色的雕像或花園裡的一切。他摸索著向花園廂房走去，叫了守衛兩聲，沒有回答。顯然守衛是因為天氣惡劣跑到廚房或暖房什麼地方睡覺去了。

　　老人想，如果我有勇氣來實現我的企圖，第一位涉嫌的該是守衛。

　　在黑暗中，他探索著台階和門，走到廂房的通道。他走到一個狹窄的走道，擦亮一根火柴。什麼人也沒有。只有一張空床和一只放在角落朦朧不清的鐵灶。通往囚室的門上的封條依然未破。

　　火柴熄滅了以後，老人從窗戶窺望進去，他因為激動而顫抖。

　　囚室裡面點了一枝光線黯淡的蠟燭。囚徒坐在桌子前面，只能看到他的背、頭髮和手。桌子上、椅子上以及地毯上到處都是打開的書。

　　五分鐘過去了，囚徒一動不動地坐在那裡。十五年的囚禁磨練了他靜坐不動的功夫。銀行家在窗上用手指敲了兩下，但是囚徒仍然毫無反應。

　　銀行家小心地從門上撕掉封條，把鑰匙伸進匙孔。生銹的鎖發出吱吱的怪聲。門打開了。銀行家預期聽到一聲吃驚的叫聲以及移動的步伐。三分鐘過去了，裡面和外面同樣地沉靜無聲。銀行家決定走近去看看究竟。

　　桌子前面坐了一個人不像人鬼不像鬼的怪物。那只能說是一具骷髏。皮膚下陷，頭髮長如女人，滿臉鬍鬚，臉色像泥土一般蒼黃。背脊長而窄，扶著頭的雙手細瘦得令人不忍卒睹。他的頭髮早呈銀灰色，看到這張老邁的面孔沒有人會相信他只有四十歲。在桌上放著一張用細小的字體寫滿了字的一張紙。

可憐的傢伙，銀行家想，他可能正在做夢，看到上百萬的金元呢。我只要把這未死的傢伙推倒床上，用枕頭悶一會，即使再仔細的檢驗，也不會發現這是一件非自然的死亡。但是首先讓我們來看看他寫的是些啥玩意。

銀行家從桌上拿起字條，讀著：

「明天晚上十二點我就要獲得自由以及與人群交往的權利。但是在我離開這間房子看到陽光之前，我認為有幾句話要向你講明白。在我的良心深處，並且上天鑒察，我宣稱我鄙視自由、生命、健康以及書中所稱一切人世的福祉。

「十五年來我曾勤奮地研究塵世生活。不錯我沒有真正看到這個世界或是人們，但在你的書中我飲美酒、唱歌謠，在森林中追獵麋鹿和野豬，愛女人……漂亮的女人，是你們那些天才詩人所塑造的如仙如幻的美人，每夜來探視我，講奇妙的故事，使我覺得如癡如醉。

「在你的書中我登上艾布魯茲山和白山的頂峯，看到了早晨的日出，黃昏則把天空海洋及山嶺染成一片金紫。我看到在我的頂上閃電如何劈開如絮的飛雲。我看到青翠的森林、田野、河流、湖泊、城市。我聽到水神的歌聲，牧羊神的風笛；我摸到向我飛來的美麗的魔鬼的羽翼，在你的書中我投身到無底的深淵，創造奇蹟，燒平城市，傳播宗教，征服整個國家……

「你的書給我以智慧。多少世紀以來所凝聚的人類的智慧都收集到我頭腦的這一小塊天地裡，我知道我比你們所有的人都聰明。

「然而我輕視你的書，輕視塵世一切的福祉以及智慧。萬物都像幻象一樣的虛無、脆弱、幻想與迷惑。不管你是驕傲的、美麗的或是聰明的，死亡把你們像老鼠一樣的一掃而光，而你們的子孫、歷史以及不朽的天才都將和這地球一同焚毀，變成鐵屑。

「你們愚蠢，走錯了道路。你們把虛偽當做真實，醜陋當做美麗。如果蘋果樹和橘子樹突然不結水果而長出青蛙和蜥蜴，或者玫瑰花竟然發出汗馬的氣味，你們定會覺得驚奇。你們不要天堂，寧要塵世，這是我覺得不可思議的，我不想了解你們。

「為了證明我誠心輕視你們所賴以生存的阿堵物——我將放棄一度夢寐以求的兩百萬元。我會在規定的時間五分鐘以前離開囚室，因此便違反了約定的條件，而剝奪了我獲得兩百萬元的權利。」

讀完了這篇字條，銀行家把紙張放到桌上，親了一下這個怪人的額頭一下，開始哭泣。他走出了廂房。回到家裡躺到床上，激動與淚水使他久久不能成眠……

第二天早晨，那可憐的看守跑來對他說，他們看到住在廂房的人翻過窗戶走到花園。他走出了大門，消失不見了。銀行家和佣人立刻走到廂房。證實囚徒已經離去。為了避免不必要的傳言，他從桌上把那張字條和棄權書拿起，回去鎖到保險櫃裡。（原著俄國小說家 Anton Chekhov。原名：The Bet 原刊《自由日報》，1981）

九、可人兒

原著安東・契訶夫

大學退休職員普倫尼亞可夫的女兒奧蘭佳坐在屋後陽台上，陷入沈思中。天氣很熱，蒼蠅飛來飛去令人生厭，而想到夜晚就要到來，還是令人感到愉快。濃厚的雨雲在東方的天空聚集，不時帶來陣陣雨絲。

庫金是一家叫做提佛里的露天劇場經理，住在奧蘭佳家外房，站在庭院中仰望天空。「又來了，」他心灰意冷地說。「又要下雨了，每天下，好像專門和我作對。我不如乾脆上吊算了。這是毀滅，每天承受可怕的損失。」

他張開雙手，繼續對奧蘭佳說：

「你看吧，這就是我們要過的生活。想起來就令人難過。我們工作並且竭盡全力，不眠不休，絞盡腦汁要做得最好。然後你道如何？基本上來說，這些社會大眾無知而庸俗。我提供給他們最好的輕歌劇，高雅的戲碼，第一流的音樂廳樂手。但是你認為那是他們所要的嗎？他們對這些都一無所知。他們要的是小醜，粗俗無聊的東西。再看看天氣！差不多每天晚上都下雨。從五月十日開始到現在六月一直是這樣，簡直糟透了。觀眾不來，但我照樣要付房租，付藝人的費用。」

第二天晚上雨雲照樣聚集，庫金帶著歇斯底里的笑聲說：

「好吧，你就下吧！淹掉花園。把我淹死！我今生來世的命運都受到詛咒！讓這些藝人去告我，送我到監獄！——到西伯利亞——到斷頭台！哈，哈，哈！」

　　第三天還是同樣的情況。

　　奧蘭佳以沉重的心情聽庫金訴苦，有時眼中含著淚水。後來他的不幸感動了她，她開始愛上他。他個兒瘦小，黃皮膚，捲曲的頭髮梳到前額。他說話的聲音細而高昂；他說話的時候嘴角只有一邊有動作，面孔上總是帶著絕望的表情。她總是希望愛著一個人，覺得沒有愛就無法生活。稍早的時候她愛她爸爸，他現在坐在一間暗室，呼吸困難；她曾經愛她每隔一年就從布林斯克市來訪的姑母；在那之前，當她念書的時候，曾經愛她的法文老師。她是一個溫雅好心腸的熱心女孩，眼光溫柔而和善，健康良好。當看到她豐腴的面頰，有一顆黑痣的白皙頸子，還有她聽到任何高興的事而發出和善天真的笑容時，男人免不了要想「哼，真的一點不賴呢，」女士們在談話中總不禁會拉起她的手驚呼「妳真是可人兒！」

　　她從出生就住的房子是她父親留給她的，位於鎮的郊區，距離提佛里不遠。夜晚她能聽到樂隊演奏的聲音和煙火爆炸的響聲，她覺得好像是庫金和命運的對抗，向那些平凡固執的觀眾據守的溝壕進攻。她的內心存有一份甜蜜的喜悅，她不想睡覺，而當他在黎明回家時，她輕敲著臥室的窗戶，經由窗簾露出面孔和一個肩膀，給他一個友善的微笑。

　　他向她求婚，他們結了婚。而當他在近距離觀看她的白頸，豐腴美好的肩膀時，他舉起手叫道「可人兒！」

　　他感到快樂，但他結婚的那一天仍然下雨不停時，他還是保持一幅絕望的表情。

　　他們在一起相處得很好，她常坐在他的辦公室，照顧提佛里的一些事務：紀錄帳務，支付薪資。現在有時候從辦公室窗戶便能看到她玫瑰色的面頰。她甜美，天真，燦爛的笑容，有時候又出現在點心部，或舞台後面。她早已習慣對熟人說，戲院是人生中最首要，

重要的事。只有經由戲劇,一個人才能得到真正的享受,成為有教養和仁慈的人。

　　「但是你認為社會大眾了解這些嗎?」她習於這樣問。「他們所要的是小醜。昨天我們演出《浮士德故事》整個劇場空空蕩蕩,但是如果庫金和我製作一些粗俗無聊的表演時,我保證劇院一定會客滿。明天我們要演出《奧費斯在地獄》,一定要來唷!」

　　庫金所說劇場和演員的事她複述不誤。像他一樣,她輕視社會大眾的無知和對於藝術的冷淡;她參加排演,糾正演員,注意樂手的行為,而當地方報紙有不利的報導時,她傷心不安,隨後會到編輯部把事情喬好。

　　演員們喜歡她,習慣叫她「庫金與我」,和「可人兒」;她同情他們,有時借一點小錢給他們,而如果受到欺騙時,她總是在私下流點淚,但並不向丈夫抱怨。

　　他們在冬天也過的很好。整個冬天他們把劇團帶到城裡,將劇場短期出租,有時給「小俄國人」公司,有時給魔術師,或者給地方戲劇社團。奧蘭佳越來越豐滿了,常露出滿意的笑容,而庫金則越來越瘦黃,並且繼續抱怨可怕的虧損,雖然他整個冬天情況不錯,他常在夜間咳嗽,她則常常煮覆盆子茶或檸檬茶,用香油精替他搓壓及用厚圍巾包住他保暖。

　　復活節前他前往莫斯科去招募一個新的劇團。沒有了他,她晚上睡不著,在窗前澈夜靜坐,觀看星星,同時把自己比成母雞,沒有公雞在窩裡時便感到不安暴燥。庫金滯留在莫斯科,寫信給她說可在復活節回來,還交待提佛里劇場的一些事務,但在復活節前的一個星期日,時間已經很晚了,突然有`人猛敲大門,澎,澎,澎有如擊鼓,透露出不詳預兆。

　　睡眼矇矓的廚師,赤著腳穿過水坑前去開門。

「請開門，」外面的人以厚重的低音說。「你們有一封電報。」

奧蘭佳以前也接過她丈夫的電報，但這一次不知為什麼她感到恐慌不安，她顫抖著手打開電報，裡面寫的是：

「伊凡‧貝卓維其今天突然去世，等待指示安排喪禮。」簽字的是歌劇團舞台經理。

「我的良人，」奧蘭佳哭著說。「庫金，我親愛的，我珍貴的，為什麼我要遇到你！為什麼我要認識你，愛上你！沒有你，你可憐心碎的奧蘭佳便一無所有了。」

庫金的喪禮星期二在莫斯科辦好，奧蘭佳星期三回到家，她一到家便倒在床上放聲痛哭，左鄰右舍甚至大街上都能聽得到。

「可憐的可人兒，」鄰居們見面時這樣說，「奧加—賽繆諾芙娜，天可憐見，她怎麼活下去呢？」

三個月後的一天，奧蘭佳做完彌撒後回到家中，憂傷而沉鬱。正好一位鄰居叫瓦西利‧普斯杜華洛夫也從教堂回來，走在她旁邊。他是一家木材廠的經理，戴一頂草帽，穿一件白色背心外套，戴著金錶鍊，看來像是鄉村紳士，而不太像生意人。

「事情的發生都是命運注定的，奧加—賽繆諾芙娜。」他鄭重的說，聲音裡有同情的語調。「而如果我們的親人過世，那一定是上帝的意旨，我們必須堅強承受，無怨無悔的接受。」

送奧蘭佳到家後，他道聲再見便走向回家的路。那一天中她一直聽到他穩重可親的聲音，而不管什麼時候，她只要一閉眼便會看到他黑色的鬍鬚。她非常喜歡他，而顯然她也給他很好的印象，因為不久之後一位她不算很熟的年長婦女來和她喝咖啡，她一坐下之後便談起普斯杜華洛夫，說他是一個優秀的男人，完全值得信賴，是女士結婚的好對像。三天之後，普斯杜華洛夫親自登門拜訪。他停留的時間不長，大約十分鐘，也沒有說多少話，但當他離去後，

奧蘭佳愛上了他——愛得神魂顛倒，睡不著覺，第二天一早就去找那位年長女士。婚事很快就談成了，然後便舉行了婚禮。

普斯杜華洛夫和奧蘭佳婚後相處融洽，通常他到辦公室直到午餐時間，然後他出去辦業務，奧蘭佳便坐到他的位子上處理帳務，接送訂單等，直到下班。

「木材越來越貴；價格每年要漲百分之二十，」她會對客戶和友人說。「本來我們賣本地的木材，而現在瓦西利要到摩吉萊夫區買木材。這運費！」她還會用兩手摀住雙頰用可怕的語氣補充，「這運費！」她看來好像經營木材已經不知多少年，而生活中最重要的和必須的事便是木材。而對她來說，那些最令她感動和感到親切的字眼便是樅木啦，桁啦，柱子啦，條板啦，厚板啦什麼的。

夜晚當他睡覺時，總是夢到堆積如山的木材，成列成列的運貨馬車把木料運往遠方。她還夢到六寸厚的樅材，四十尺長，直立成排向木材場前進，跌跌撞撞互相衝擊，又堆集在一起。奧蘭佳在睡夢中哭醒，普斯杜華洛夫柔聲對她說：「奧蘭佳，怎麼回事？親愛的，禱告吧！」

她丈夫的意見就是她的意見。如果她丈夫認為房間太熱，或生意清淡，她也如此認為。她丈夫不喜歡娛樂活動，假日都留在家中，她如法仿效。

「你總是在家中或在辦公室，」她的友人對她說。「你應該上劇院，或去看馬戲。」

「瓦西利和我沒有時間上戲院，」她嚴肅地回應。「我們沒有時間做這些無聊的事。戲院能有什麼用？」

星期六普斯杜華洛夫和她通常去做晚間禱告，假日就做早彌撒，回家時兩人神情愉快，併肩而行。兩人都散發出愉快的香味，她的絲服優雅飄逸。在家中他們喝茶，有各種花式的麵包配合不同

的果醬，然後，他們吃派餅。每天中午十二點時，他們的院子便傳出甜菜湯和烤羊肉或鴨子的香味，在禁食日則是魚香。

　　經過他們大門的人沒有不感到饑餓難耐。辦公室開水壺是一直燒著的，顧客得到熱茶和硬餅干的盛意招待。一個星期有一天兩人去浴堂洗澡，回來時併肩而行，臉泛紅色。

　　「不錯，我們沒有什麼好抱怨，謝謝上帝，」奧蘭佳會對熟人說。「我希望每一個人都有像瓦西利和我一樣富足的生活。」

　　當普斯杜華洛夫到莫吉賴夫地區採購木材時，她則朝思暮念，夜不成眠。陸軍中有一位年輕獸醫官叫史莫林的租住在他們家的外房，有時到他們家談話，陪她打牌。這可稍解她丈夫不在家時的無聊。她對他所說的家庭故事特別感到興趣。他結過婚，有一個小男孩，但現在兩人分居，因為妻子對他不忠。他恨她，現在每月要付四十盧布作為撫養小孩之用。聽到這些故事，奧蘭佳搖頭嘆息，對他感到同情。

　　「好啦，上帝保持你，」分別時她拿蠟燭照著他下台階時她會這樣對他說。「謝謝你陪我給我鼓勵，願聖母保佑你健康。」

　　她總是模仿她丈夫，用同樣穩重的自主的和理性的態度說話，當獸醫官進門時她會說：

　　「你知道，夫勒迪米·普萊東尼奇，你最好和你太太和解。為了你的兒子你應當原諒她。你得確信小家伙是了解的。」

　　普斯杜華洛夫回來時，她小聲告訴他有關獸醫官和他不幸的家庭生活，兩人搖頭嘆息，同聲感嘆。談到小孩一定會想他父親，不知何故聯想到他們自己，兩人到聖像前跪拜在地，祈禱上帝賜給他們子女。

　　就這樣普斯杜華洛夫夫婦過了六年平靜快樂的生活，充滿了愛情與和諧。

　　但是天有不測風雲！有一個冬天，普斯杜華洛夫在辦公室喝了熱茶後到外面看木材出貨，忘了戴帽子，因此受了風寒，生了病。他看了最好的醫生，但是情況越來越壞，四個月之後一病不起。奧蘭佳又成了寡婦。

　　「我什麼人也沒有了，你現在離開了我我怎樣生活呢？」喪禮完成後她哭泣說。「沒有你，我悲慘可憐，上天憐憫我！」

　　她外出時都穿著黑衣，配戴喪帶，從此不再戴帽子和手套。她很少外出，除了到教堂，或者她丈夫的墳墓，過著像修女一樣的生活。直到六個月以後，她才取下喪帶，打開窗簾。有時候早上看到她和廚子一起到市場購買食物用品，但她在家中的生活就只能猜測了。人們看到她在花園和獸醫官喝茶，獸醫官大聲讀報給她聽，還有她在郵局對一位友人所說的話，看到一點端倪，她對友人說：

　　「我們這個城裡的家畜沒有適當的檢驗，這就是造成各種流行病的原因。我們常聽到有人受到牛奶感染，有人得了馬和牛引起的病。家畜的健康和人一樣要受到良好的照顧。」

　　她重複獸醫官的話，他的任何意見也是她的意見。很顯然，她不能沒有依靠而生活一年，而現在在外房中找到快樂。任何其他人可能要受到譴責，但沒有人責怪奧蘭佳；她做的任何事都非常自然。她和獸醫官沒有對任何人談到他們關係的改變，還嘗試加以掩飾，但是並不成功，因為奧蘭佳不能保守秘密。當他有訪客從團裡來時，她倒茶，做晚餐，然後就開始談家畜傳染病，口蹄疫，市府屠宰場等等。他感到非常尷尬，客人離開後，他就抓住她的手，怒聲斥責：

　　「我對你說過不要談你不懂的事。我們獸醫官自己談話時，請你不要插嘴。這是非常粗魯無禮的。」

　　她則驚恐地看著他，不解地問：「但是史莫林，那我要談什麼呢？」

　　她眼含淚水擁抱他，請求他不要發怒，於是兩人又恢復快樂。

　　但這種快樂維持不久。獸醫官跟著他的團調走了，再也沒回來，可能移防到西伯利亞吧。奧蘭佳又變成孤家寡人。

　　現在她真正是孤獨一人了，她的父親早已去世，靠椅還留在閣樓上，佈滿灰塵，一隻腳還斷了。她越來越瘦，也失去光彩。人們在街上看到她也不像以前那樣注意她，對她微笑；顯然她最好的時光已經過去，現在要開始一種新的生活，而這是不堪想像的。晚上她坐在陽台上聽到提佛里劇場的樂隊和煙火聲。但現在這些聲音已引不起她的反應。她看到庭院沒有興趣，什麼也不想，沒有願景。隨後夜深了她上床睡覺，夢到空洞的庭院。她吃飯喝茶都像應付公事。

　　而更糟的是她沒有一點自己的意見。她看到周圍的東西，知道她看到什麼，但不能形成任何意見和看法，也不知道要說什麼，沒有任何意見是何等悲哀！譬如，人們看到瓶子或者下雨，或者農人趕車，但是瓶子是做什麼的，雨或是農人是怎麼回事卻說不出來。當她有庫金，或普斯杜華洛夫，或獸醫官時，奧蘭佳可以解釋任何事情，你想知道的任何事她都可以說出一番道理。但是現在她的頭腦，她的心就像她外面的庭院，空空蕩蕩。這就像嘴中有苦艾草一樣的粗糙和辛辣。

　　城鎮逐漸向各個方向發展，道路變成街道，以前提佛里和木材場的所在有了新的建築和房子。時間過得何其之快！奧蘭佳的房子變得髒黑，屋頂顯得陳舊，整個院子長滿羊蹄草和刺草。奧蘭佳自己也變得平庸和衰老。夏天她坐在陽台上，她的內心像以前一樣感到空虛和淒涼，充滿了悲痛，冬天則坐在窗前看著雪。當她感到春天的氣息或聽到教堂的鐘聲時，各種記憶立時湧上心頭，內心則感

到一絲溫柔的疼痛，眼中充滿了淚水；但這只是短暫的一瞬間，空虛隨即掩至，也感到生命的無奈。黑貓布里斯卡摩蹭著她，發出溫柔的叫聲，但這些不能使她感動，她需要的不是這些。她要的是全部身心，理性可以寄托的愛。

日子就這樣一天一天，一年一年地過去，沒有快樂，沒有意見。廚子瑪芙拉說怎麼做就怎麼做，她都接受。

七月裡的一個熱天，快到黃昏時，家畜都被趕走，庭院滿是灰塵，突然有人敲門，奧蘭佳自己去開門，震驚得說不出話來，她看到的是獸醫官史莫林，頭髮灰白穿了一身便裝，她突然記起所有的一切。她不禁失聲大哭，頭靠到他的胸前，一句話也說不出來。在激動慌亂中她沒有住意到如何走進屋子，坐下來用茶。

「親愛的史莫林，你是怎麼回來的？」

「我想定居下來了，奧蘭佳，」他對她說。」我已辭去軍職，希望定居下來自己做一點事，再者，我小孩要進學校念書了，你知道，我已經和我妻子和好了。」

「她在那裡？」奧蘭佳問。

「她和兒子在旅館裡，我要先找住處，」

「老天，住處？為什麼不就住我這裡？你們住不適合嗎？天呀，我不收任何租金！」奧蘭佳慌張地說，又開始哭出來。「你們住正房，我住外房就很好。哦，我太高興了。」

第二天開始油漆房頂，牆壁也加以清洗，奧蘭佳兩手插腰，來回指示。她的臉上又掛回原來的微笑，精神抖擻。好像是從長睡中醒來。獸醫官的妻子來了－一名清瘦普通的女子，留著短髮，有著不和悅的表情。她帶來的男孩十歲，比較矮，叫沙夏，藍眼睛，胖嘟嘟地，臉上還有兩個酒窩。他剛進院子便迫不及待去追貓，也立即傳出他高興愉快的笑聲。

「是你的貓嗎，伯母？」他問奧蘭佳。」當牠生小貓時，一定要送我們一隻哦！媽媽怕死老鼠了。」

奧蘭佳和他說話，給他茶喝。她感到溫暖，內心有一種甜蜜的苦，好像男孩就是她自己的孩子。晚上當他坐到桌上溫習功課時，她用溫柔憐憫的眼光看著他。喃喃對自己說：

「你可愛的小傢伙……我的寶貝……這麼漂亮的小孩，又這樣聰明。」

「島嶼是整個被水包圍起來的一塊陸地，」他大聲唸著。

「島嶼是一塊陸地，」她重複說，這是她多年來沉默寡言，缺乏意見後第一次表達肯定信念的語言。

現在她又有自己的意見了，晚餐時她對沙夏的父母談到現在高中課程是多麼難，不過，高中還是比職業學校好，因為有了高中教育就有廣闊的職業前途，如成為醫師或工程師。

沙夏進了高中，他母親則去了哈可夫她姊妹家，而一去不回；他父親每天要出去檢查牲畜，有時要離開三天到遠地出差，奧蘭佳覺得沙夏好像被遺棄一樣，飯也沒有吃，她就把他帶到自己的住所，把他安頓到一個小房間裡。

沙夏和奧蘭佳住在外房裡有六個月之久。每天早晨奧蘭佳來到沙夏的小房間，看到他沉睡不醒，手枕在臉頰下，她又不得不叫醒他。

「沙夏，」她用憐憫的聲音叫道。「起來啦，要上學了。」

他爬了起來，穿上衣服做了禱告，坐下來吃早餐，喝三杯茶，吃了兩個薄餅和半個牛油卷。他做這些並沒有完全清醒，情緒也不是很好。

「你還沒有完全了解你的神話故事，沙夏，」奧蘭佳會說。

看著小孩好像他要出遠門一樣。「你總是令我操心，你一定要努力學習，做到最好，聽老師的話。」

「哦，不要管我！」沙夏會說。

然後他走到街上，前往學校，小小的個子，戴著一頂大帽子，肩上背著書包。奧蘭佳無聲地跟著。

「沙夏，」她會在後面喊，然後塞一個棗子或一塊牛奶糖在他手中，當他到了學校所在的街道時，覺得一個老婦人跟著實在有點難為情，就轉身說：

「你最好回家吧，伯母，其餘的路我自己走就可以了。」

她就站著不動，眼看著沙夏，直到他進入校門。

哦，她是多麼喜歡他呢！她以前的依戀沒有一個有這樣深刻，沒有一個像她現在的心靈這樣自然，無私和快樂的付出，母性的本能完全被激起。對這個臉上有酒窩，戴一頂學校大盤帽的小孩，她會以全生命來愛護他，帶著慈愛的快樂和眼淚。為什麼，誰能了解為什麼？

當她看不到沙夏時，她才轉身回家，覺得滿足而寧靜，胸中充滿愛意；這六個月來變得年輕的臉滿是笑意，看到她的人也覺得愉快。

「早安，奧蘭佳，你好嗎，可人兒？」

「現在高中的功課是越來越難了，」她會在市場上對人說。「太過份了；昨天第一節上課他們就要他記住神話故事，還有拉丁翻譯和一個問題，你知道對一個小傢伙來說這是太重了。」

然後她就開始談教師，功課和教科書，都是沙夏對她說的。

三點鐘時他們一起吃晚餐，晚上一起做功課。送他上床後她會一直在畫十字念禱告，然後回房睡覺，夢到遙遠的未來，沙夏已完成學業成為醫生或工程師，有一個大住宅，馬和馬車，結了婚，有

了小孩……睡著以後還想到這些事，淚水從閉著的眼中流出，黑貓在房邊發出咪咪的叫聲。

突然間聽到前門有人大聲敲門。

奧蘭佳在驚慌中醒來，心臟猛跳，半分鐘後又聽到敲門。

「一定是從哈可夫來的電報，」她想，全身開始戰慄。

「沙夏的母親要把他接到哈可夫了……哦，可憐我們！」

她感到絕望。她的頭，手和腳都感到寒冷，她覺得她是世界上最不幸的女人了。但是又過了一分鐘，傳來的是獸醫官的聲音，他從俱樂部回來了。

「真是的，謝謝上帝！」她心中想。

她心中的負擔逐漸退去，覺得平和安逸，她回到床上又想到沙夏，而他在隔壁房間沉睡不醒，有時在睡夢中大叫：

「我會給你！滾開！閉嘴！」（原著俄國小說家 Anton Chekhov。原名 The Darling）

十、鄉村大夫

原著伊凡·屠格涅夫

有一年秋天，我從外地產業回家時受了嚴重風寒。幸運的是我發燒時正好在市集的一個客棧中。我請了醫生來看診，半個小時後他來了，一位瘦小的人，一頭黑髮。他開了發汗的草藥，還給我一些芥泥做的敷劑，然後熟練地將五元盧布收到袖子中準備回家──同時也咳嗽不停，眼光轉向別處。不過不知為什麼他打開話匣子，而留了下來。我正感到發燒難過，這一晚一定無法好睡，有機會和這樣的一個好人聊聊天也很不錯。我們用了茶，我的大夫朋友開始侃侃而談。這個傢伙並不糊塗，他的言談非常生動並且有趣。生命中有些事情是很奇怪的，你和一個人生活在一起有很長一段時間，相處也非常好。但是你從來沒有推心置腹說出心底的話，但和另外一個人，你甚至還沒有認識──你便開始了。好像是在做告解，你們中的一個便將心中最深沉的祕密和盤托出。我不知道我做了什麼竟能贏得我新朋友的信任──不管如何，沒有什麼原因，他告訴了我一個動人的故事。我現在把它記下來給我可敬的讀者欣賞。我將用醫生自己的話來記述這個故事。

「你不會知道，」他開始說，聲音突然變得模糊而顫抖。（這是原味粉狀鼻煙造成的作用）「你不會知道我們地區法官巴維爾·麥洛夫？你知道嗎？──不過這個沒有關係。」他清了一下喉嚨，擦一下眼睛。「好吧，就是這個故事。讓我看看──正確來說，是四旬齋節，開始溶雪的時候。我正在法官家玩撲克牌。我們的法官很能幹，

164

撲克牌打得非常好。突然間」──這是醫生常常用的字──「有通知說有人要找我。我說，「請問有什麼事？」他帶來一張便函，無疑是有人生病。「便函給我，」我說，不錯，是有人生病──好吧──你知道這是我們的工作──便函來自一名地主的遺孀，「上面說：我的女兒病危了，看在上帝的份上，我已經送了一匹馬去接你。」好吧這也是應該的。──但是這位太太住在鎮外二十哩的地方，而天色已經是晚上了，道路狀況又惡劣。我實話實說！那位太太也不像以前那樣富有了；最多兩個銀盧布吧，即使這個數目也是靠不住的。可能我得到的只是一塊布料，一些麵粉──不過任務第一，你知道：有人病危了。我立即把牌交給市議員卡利奧平，起身回家。我看到前庭外面停了一輛小馬車，真正農家的馬，大馬肚，像毛氈一樣的厚毛，車夫光著頭坐在車上，表示尊重。這就是了，我的朋友，我想，很明顯你的東家不是用金餐盤用餐的──你，先生可能會發笑，但是我告訴你，我們是苦哈哈的一行，對這些事情都很注意。──如果車夫坐得像王子，而不取下帽子，在鬍鬚中對你微笑，揮動馬鞭像耍玩具──你可以認為至少有兩張五元盧布，但現在的情況不太一樣。好吧，我想這也是沒有辦法的事，任務第一嘛。我抓起一些必要的醫藥用品，隨即起身。相信我，我們可是費了九牛二虎之力才到了那裡。道路像是地獄。溪流，冰雪，泥濘，溪谷，突然還有崩裂的水壩，混亂中我們終於到了。一座小房子，草屋頂。窗戶有光透出，他們一定是在等我。一位尊貴的老太太出來迎接我。

　　「救救她。」她說，「她要死了。」我說，「請保持鎮定──病人在那兒？」「這邊，請從這邊走。」我看到一個清潔的小房間，房角點了一盞油燈，床上躺了一名約二十歲的女孩，神智已經不清，身上散著熱氣，呼吸急促，正發高燒。房間內另外還有兩名女孩，是她的姊妹──嚇得要死，眼中含淚。「昨天，」她們說，「她

165

的精神好得很，味口也好；今天早晨她抱怨頭痛，突然間到了晚上就變成這樣。」我重複說，「請保持鎮定，」——你知道這是大夫職責的一部分——我就開始工作。我給她放血，開了芥泥敷藥和混和藥方。同時我仔細看了她。我一看再看，老天，我從來就沒有看過這樣的臉蛋——一位絕世美人。我真為這個女孩感到悲哀，我幾乎被撕成碎片。這樣可愛的面孔，這樣的眼睛——謝謝上帝，終於她感到舒服了一點；她開始出汗，部分恢復意識，四周看看，微笑，把手拉過臉上——兩姊妹彎身過去問道，「怎麼回事？」「沒有什麼，」同時把頭轉過去——我看到她昏昏欲睡。「好啦，」我說，「現在我們得讓病人安靜休息。」我們都靜悄悄走了出去，只留下婢女應付緊急情況。起坐間有一個燒開水的壺和一瓶蘭姆酒；做我們這一行是少不了這些東西的，他們給我泡了茶，要我留下來過夜。我接受了，這樣深更半夜我能到那裡去？老太太不停地呻吟。「怎麼回事？」我問。「她會活下來的，鎮定一點去睡覺，已經兩點了。」「如果發生任何事你會叫醒我？」「當然我會。」老太太回房休息，女孩們也各自回房，他們在客廳設了一張床給我用。我躺了下來，但就是睡不著，真是奇怪。你或者認為我是擔了太多的心，我無法將病人從腦海中除去。最後我實在忍不住了，便一躍起身；我想我只是看看她的情況如何。她的房間和客廳是連著的。好啦，我爬了起來，靜靜地打開門，我的心可跳得厲害。我看到女婢在睡覺，口張得很大，像動物一樣地打鼾，病人則面向我躺著，手臂不安地擺動，可憐的女孩！我走向她——突然間她睜開眼望著我「你是誰？」我覺得很尷尬。「不要害怕，」我說。「我是醫生，我是來看看你的情況怎樣了。」「你是醫生？」「是的，我是——妳母親派人到鎮上找我來的，我給妳放了血，現在你必須好好休息，在上帝保佑下，兩天內你就可以好起來，」「哦，是的，是的，醫生，不要讓我死

──請求你，請求你。」「老天，誰能知道會發生什麼！」但是我在想，她的燒又來了；我給她把了脈；是的，我是對的。她看著我──突然間抓住我的手。「我要告訴你為什麼我不想死，我要告訴你──現在我們單獨在一起：只是一句話都不說，請──聽──我彎身到她前面，她的唇在我的耳邊移動，她的頭髮擦著我的面頰──我承認我已經暈頭轉向──她則開始細語──我一個字也聽不懂──。哦，當然，她一定是精神恍惚。她喃喃細語，但說得很快，好像是外國話，當她講完時出現顫抖，頭倒在枕頭上，用手指指著我說「聽著大夫，一句話不要說。」──我設法安撫她，給她一點飲料，把婢女叫醒便走了出去。

醫生又猛吸了一口鼻煙，一動不動坐了一會。

「總之，」他繼續說，「第二天，和我的期望相反，病人的情況沒有好轉。我想了又想，突然決定留了下來，雖然有別的病人在等著我。──你知道，大夫不能這樣忽視不管，這會造成不好的名聲。但第一，這女孩的確病得很嚴重，第二，說實話我受到她強烈的吸引。再者，我很喜歡這一家。雖然他們已經沒落窮困，但他們是非常有教養的家庭──父親曾經是一位學者，一位作家；他死時已很落魄，但他設法給孩子們最好的教育；他也留了很多書給他們。或者是因為我用全心照顧病人，或者有其他原因，不管如何，我只能說他們喜愛我把我當成家庭一份子。同時融雪的情況越來越壞，交通全部中斷，我甚至很難從鎮上拿藥回來──女孩情況沒有好──一天又一天，一天又一天──於是──嗯──「醫生停頓了一下。」實情是我不知道怎麼給你解釋──」他又吸了一口鼻煙──猛喝一口茶──「我得直接告訴你，我的病人──我怎麼說呢？──愛上了我，我猜想──或者說她不是確實在戀愛，但是不管如何──那肯定是──」醫生眼光向下，面露羞赧。

「不，」他打起精神繼續說。「愛，是一個錯誤的用語。畢竟，人應有自知之明。她是一位有教養的，聰慧的，飽讀詩書的女孩，而我，嗯，我甚至忘了我的拉丁，差不多忘得光光。我的外貌，也是。」──醫生笑了一下看看自己──「我想也是不能登大雅之堂。但是我也不是傻瓜，我不會把白的叫成黑的；我的心智還是很清楚的。例如，我很了解亞歷姍杜拉‧安諾耶芙娜──是她的名字──對我的感覺不是愛，而是或者說親切，關心，或者不是。雖然她自己也不知道對我的感覺，她的情況是這樣，你就可以想像──總之，」醫生一口氣說出這些不連貫的語句，明顯感到尷尬，「我想我有點天馬行空──結果是你還是不了解發生了什麼事──所以我得按照次序說個清楚。」

他喝完了茶，恢復了平靜的語氣。

「情況是這樣的。我的病人病情越來越嚴重。你。閣下大人，你不是一個醫生，你不知道醫生頭腦中想的是什麼，特別是在執業早期，當他想到病人的病情使他束手無策。所有他的自信都消逝在空氣之中，我不能告訴你他有多害怕。他好像覺得忘記了原來所知道的一切，他的病人對他沒有信心，而其他人開始看到他已無計可施，不想描述病人的症狀，他們用奇怪的眼光看他，喃喃低語──哦，真可怕！他覺得一定有什麼方法可以治這種病，如果可以找到的話。或者就是這樣了？他嘗試──不對，結果又錯了。他沒有時間等待治療發生效果──他先用一種方法隨後又換了一種。他拿起處方藥的書，──就在這裡，他想，就是這裡了；很坦白講，有時候他隨意打開書；就這樣，他想，這一定是命運之手了。同時，有人要死了；而別的醫生可能救回這個病人。你認為，我一定得有第二種意見；我不應當自己擔起全部責任。但是在這種情況下你看來是多麼愚蠢！呃，當時間消逝，你變得習慣起來，你對自己說：沒

有關係。病人已經死了——這不是你的過錯；你只是按照規定治病。但是仍然讓你困擾不已的是這樣：當別人對你盲目信賴時，而你是一籌莫展。這正是亞歷姍杜拉‧安諾耶芙娜的家人對我的信心：他們已經不認為她有危險，而我則向他們保證沒有問題，不用擔心，但內心緊張不安。更糟的是，溶雪的情況越來越壞，車夫要花整天的時間去鎮上拿藥，同時我一時一刻都不離開病人的房間；我實在沒有辦法離開，我告訴她各種有趣的故事；和她打牌；晚上陪伴在她床邊，老婦人眼中含淚連聲感謝；但是我自己想：我不值得你的感謝。我現在坦白對你說——沒有理由我現在還要隱瞞——我愛上了我的病人。而且亞歷姍杜拉也越來越喜歡我。除了我，她不讓別人進入房間。我們談話聊天，她問我在那讀的書，過什麼樣的生活，我的父母和朋友。我覺得我們不能談太多，便阻止她談下去，要強力地阻止。我會把頭埋在手裡。你在做什麼？於是她就拿起我的手握住，久久地看著我，轉過頭嘆息著說：『你真是好！』她的手發燙，眼睛大而無神。『是的，』她會說，『你是一個善良仁慈的人。你不像我們的鄰居——你是完全不同的——想想看怎麼到現在才認識你！』『亞歷姍杜拉‧安諾耶芙娜，安靜一點，我會說，『相信我，我非常感謝；我不知道我做了什麼來——你要安靜下來，天可憐見——都會好起來的，你會恢復健康。』話說回來，我一定得告訴你，』醫生補充說，彎身向前同時豎起眉毛，「他們和鄰居少有來往，因為低下的人他們看不上，他們又非常驕傲，不願高攀富貴人家。我告訴你，這是一個非常有教養的家庭；所以對我來說，真是受寵若驚。亞歷姍杜拉只願服我拿給她的藥——這可憐的女孩在我的幫助下抬起身來，吞下苦藥，盯著我看——我的心七上八下翻轉不停。但在這段時間內她是越來越差了：她會死吧，我想，她肯定會死，不管你相信不相信，我會很高興代替他躺在棺中，

但她的母親和姊妹都在注視著我，看著我的眼睛，而我覺得他們的信心正逐漸減退。『呃，她怎麼樣？』『不用擔心，不會有事的，』──但我說，『不會有事的』是什麼意思？我的頭發昏。有一天晚上，像平常一樣，我坐在她的床邊。婢女也坐在房裡，正在呼嚕打鼾──不過也不能怪這可憐的女孩，她也已累得精疲力竭。亞歷姍杜拉整個晚上覺得很不好，因為發燒翻來覆去無法入睡，直到半夜；最後好像終於睡了，不管怎樣她安靜下來，躺著不動。油燈在牆角的神像下閃爍著。我坐在那裡，頭垂向前，你知道，我也睡著了。突然間好像有人在推我的肋骨；我看一下四周──老天爺！亞歷姍杜拉正睜大眼睛看著我──她的嘴唇張著，面頰發紅。『怎麼回事？』『醫生，我要死了嗎？』『老天在上！』『不，請你，不要告訴我我會活下去──不要告訴我這樣──如果只有你知道──聽著，看在上帝的份上，不要對我隱瞞病情。』我注意到她的呼吸是多麼急促。『如果我確實知道我要死去──那末我就可以告訴你我所有想說的話。』『亞歷姍杜拉·安諾耶芙娜，天可憐見！』『聽著，我一刻也沒有睡，我一直在看著你──看在上帝的份上──我信任你。你善良，你正直。我以世上最神聖的事物來懇求你──告訴我真相！如果你知道這對我是多麼重要──醫生，告訴我，我是不是很危險？』『我能告訴你什麼呢，亞歷姍杜拉？』『看在上帝的份上，我請求你告訴我。』『亞歷姍杜拉·安諾耶芙娜，我不能對你隱瞞真相──你是危險，但是上帝是慈悲的──』『我要死了，我要死了──』好像她對這個念頭感到十分高興。臉上泛出光彩；我則感到非常害怕。『絕不害怕，絕不害怕，死亡對我並不恐怖。』突然之間她用一隻手撐起身子。「現在──嗯，現在我可以告訴你我從內心感激你；你善良而仁慈；我愛你，我像著魔一樣地看著她；我告訴你，我真有一種戰慄的感覺──『聽我說。我愛你。』『亞

歷姍杜拉‧安諾耶芙娜，我做了什麼值得你這份恩情？』不，不，你不了解我，我親愛的——」突然間她伸出手，抱住我的頭親吻我。不管你信不信，我所有能做的便是忍住不要大聲哭出來。我跪在床邊把臉埋在枕頭上。她什麼也不說；手指在我的頭髮中顫動；我聽到她的哭聲。我開始安慰她，向她保證——我真不知道對她說了些什麼。『你會吵醒婢女——相信我當我說——我是多麼感恩——你要安靜下來。』『不要——不要，』她重複說『不管他們任何人，讓他們醒來，讓他們前來——這些不重要：我總是要死的了——你為什麼這樣膽小和害羞？抬起頭來——或者可能你不愛我，而我是錯了——如果是這樣，那請你原諒我——』我實在告訴你，我不明白我如何熬過那晚而沒有精神錯亂。我知道我的病人是在自我毀滅；我看到她是在半虛幻狀態，我也了解如果她不是認為她正面臨死亡，她是不會給我機會的；但是，不管怎麼說，想到二十五歲就要死亡而從來沒有愛過總是令人恐慌的；這正是折磨她的想法，而也是為什麼，在絕望中，她抓住了我。現在你能看到一切了嗎？她仍然用手臂緊緊抱住我。「可憐我，亞歷姍杜拉‧安諾耶芙娜，可憐我們兩個，」我說。「為什麼？」她回說，「可憐什麼？你不知道我就要死了嗎？」她不斷重複這句話。「如果我知道我會活下去而成長為一個良好的女士，我應該感到羞恥，是的，羞恥——但是，像目前這樣？——」「誰告訴你你要死了？」「哦不，足夠了，你無法欺騙我，你不知道怎麼死法，就看看你自己。」「你會活下去，亞歷姍杜拉；我會治好你；我們會要求你母親給予祝福——沒有人能分開我們；我們會快樂。」「不，不，你說過我一定會死——你承諾我——你告訴我我一定——」這是我痛苦的時刻，有很多原因使我痛苦。你知道，有時候會發生一些小事，本來沒有什麼，但是傷痛是一樣。她覺得要問一下我的名字，我的意思是我的教名。不

幸的是我的大名就叫做曲方。是的，先生，曲方。曲方•伊凡尼克。在他們家中，大家都叫我大夫。好吧，這也沒什麼大不了的。所以我就回說「曲方」她斜著眼睛，搖搖頭，用法語喃喃低語──哦，不是什麼好意，還免強笑了一下。就像這樣，我和她共渡了一夜，天亮時我走了出去，像是著魔一般。中午時我用過了茶，回到她的房間。老天爺！你簡直無法認識她：我曾經看過棺木中更美的景象，相信我，我到今天還不知道，我完全不知道我如何忍受這種磨難。三天三夜，我病人的生命如風中殘燭──最後那晚──只是想像──我坐在她旁邊，只禱告一件事：哦，上帝，快帶她走吧，也把我帶走──突然間老太太，她的母親，衝進了房間──我前一天已告訴她沒有什麼希望，情況很壞，最好是把牧師找來。她一看到母親時，病女孩便說，「我高興你來了──看看我們，我們相愛，我們已互訂終身。」「她說什麼，大夫？她正在說什麼？」我面如死灰。「她在虛幻狀態，」我說，「是高燒引起的。」但這時亞歷珊杜拉插話說，「夠了，你剛才對我不是這樣說的，還接受我的戒指──為什麼要偽裝？我母親是仁慈的，她會原諒，她會了解──但我就要死了──我為什麼要說謊？把手給我。我跳了起來走出房間。當然，老太太已猜到全部故事。

「好吧，我不想再煩你，還有，告訴你實話，回憶令人傷痛。我的病人第二天就去世了。上帝保佑她的靈魂！」大夫匆忙中補充說，加上嘆息。「她在臨終前，要求大家都出去，只留下我和她在房內。『原諒我，』她說。『或者我對你有過份的地方──這是因為我的病──但是相信我，我從來沒有像愛你一樣愛過任何別人──不要忘記我──珍愛我的戒指──』」

大夫轉向別處，我抓住他的手。

　　「哦哇，」他說，「我們談一些別的事，或者你想玩一玩低賭注的撲克牌？你知道，我們這個職業不應該受到情緒控制。我們這個職業所想到的是制止兒童哭鬧，妻子嘮叨。因為自那之後我便過著人們所稱的婚姻生活──非常辛苦，我娶了一個商人的女兒，帶來七千盧布陪嫁，她的名字是艾苦琳娜，和曲方倒很相配，我必須說她是一個麻煩的巫婆，幸運的是她整天睡覺──撲克牌戲如何？我們坐下來玩銅板賭注的撲克。曲方‧伊凡尼克贏了我兩個半盧布，很晚才回家，很高興得到勝利。

　　（原著俄國小說家 Ivan‧Turgenev 原名：The Country Doctor）

　　美國和台灣目前有一些流行的話題並引起爭議。以美國來說，除了各級政府開支浩繁，赤字增加，計畫增加稅收外，還要嚴格追查公民及永久居民的海外收入和帳戶，以防止漏稅逃稅，使得很多人緊張不安。本書中「美國萬稅」一章就是羅列條陣，說明山姆大叔如何上窮碧落下黃泉，搜括小民辛苦所得的故事。因此美國之多稅只能說其來有自，於今為烈。

　　台灣方面則是前司法部長王清峰拒絕執行判決定讞的死刑犯而引起渲然大波，並造成司法部長下台。同樣的美國執行死刑之難不知超過台灣多少倍。這個問題在〈人間樂土，犯罪天堂〉一文中有詳細報導。巧合的是書中藝文部分有一篇俄國著名的小說家安東‧契訶夫從死刑辯論引出的俱有震撼力的故事〈賭注〉，值得你仔細品味。

　　此外最近國際間的熱門研究話題便是中國崛起和因而引起的中、美關係，特別是在經濟、軍事方面的衝擊。書中引述的資料都來自知著的雜誌和書籍，如《經濟學人》、《外交事務雙月刊》和《商業周刊》等，所以都是「有所本」的論述，也是本書的一個重點。

社會科學類　PF0052

美國萬稅
——冷眼看美國現象和中國崛起

作　　者 / 熊國俊
責任編輯 / 邵亢虎
圖文排版 / 陳佳怡
封面設計 / 蕭玉蘋

發 行 人 / 宋政坤
法律顧問 / 毛國樑　律師
印製出版 / 秀威資訊科技股份有限公司
　　　　　114 台北市內湖區瑞光路 76 巷 65 號 1 樓
　　　　　電話：+886-2-2796-3638　傳真：+886-2-2796-1377
　　　　　http://www.showwe.com.tw
劃撥帳號 / 19563868　戶名：秀威資訊科技股份有限公司
　　　　　讀者服務信箱：service@showwe.com.tw
展售門市 / 國家書店（松江門市）
　　　　　104 台北市中山區松江路 209 號 1 樓
　　　　　電話：+886-2-2518-0207　傳真：+886-2-2518-0778
網路訂購 / 秀威網路書店：http://www.bodbooks.tw
　　　　　國家網路書店：http://www.govbooks.com.tw
圖書經銷 / 紅螞蟻圖書有限公司
　　　　　114 台北市內湖區舊宗路二段 121 巷 28、32 號 4 樓
　　　　　電話：+886-2-2795-3656　傳真：+886-2-2795-4100

2010 年 12 月 BOD 一版
定價：240 元

國家圖書館出版品預行編目

美國萬稅：冷眼看美國現象和中國崛起 / 熊國俊
著. -- 一版. -- 臺北市：秀威資訊科技,
2010.12
　　面；　　公分. -- (社會科學類；PF0052)
BOD 版
ISBN 978-986-221-615-6(平裝)

1. 言論集　2.時事評論

078　　　　　　　　　　　　　　　　99018506

讀者回函卡

感謝您購買本書,為提升服務品質,請填妥以下資料,將讀者回函卡直接寄回或傳真本公司,收到您的寶貴意見後,我們會收藏記錄及檢討,謝謝!如您需要了解本公司最新出版書目、購書優惠或企劃活動,歡迎您上網查詢或下載相關資料:http:// www.showwe.com.tw

您購買的書名:＿＿＿＿＿＿＿＿＿＿＿＿＿＿＿＿＿＿＿＿＿＿＿＿

出生日期:＿＿＿＿年＿＿＿＿月＿＿＿日

學歷:□高中 (含) 以下　　□大專　　□研究所 (含) 以上

職業:□製造業　□金融業　□資訊業　□軍警　□傳播業　□自由業
　　　□服務業　□公務員　□教職　　□學生　□家管　　□其它＿＿＿

購書地點:□網路書店　□實體書店　□書展　□郵購　□贈閱　□其他

您從何得知本書的消息?

　□網路書店　□實體書店　□網路搜尋　□電子報　□書訊　□雜誌
　□傳播媒體　□親友推薦　□網站推薦　□部落格　□其他＿＿＿＿＿＿

您對本書的評價:(請填代號　1.非常滿意　2.滿意　3.尚可　4.再改進)

　封面設計＿＿＿　版面編排＿＿＿　內容＿＿＿　文／譯筆＿＿＿　價格＿＿＿

讀完書後您覺得:

　□很有收穫　□有收穫　□收穫不多　□沒收穫

對我們的建議:＿＿＿＿＿＿＿＿＿＿＿＿＿＿＿＿＿＿＿＿＿＿＿＿

＿＿＿＿＿＿＿＿＿＿＿＿＿＿＿＿＿＿＿＿＿＿＿＿＿＿＿＿＿＿＿＿

＿＿＿＿＿＿＿＿＿＿＿＿＿＿＿＿＿＿＿＿＿＿＿＿＿＿＿＿＿＿＿＿

＿＿＿＿＿＿＿＿＿＿＿＿＿＿＿＿＿＿＿＿＿＿＿＿＿＿＿＿＿＿＿＿

11466
台北市內湖區瑞光路 76 巷 65 號 1 樓
秀威資訊科技股份有限公司　　　收
BOD 數位出版事業部

....

（請沿線對折寄回，謝謝！）

姓　　名：＿＿＿＿＿＿＿＿＿　年齡：＿＿＿＿　性別：□女　□男

郵遞區號：□□□□□

地　　址：＿＿＿＿＿＿＿＿＿＿＿＿＿＿＿＿＿＿＿＿＿

聯絡電話：(日) ＿＿＿＿＿＿＿＿　(夜) ＿＿＿＿＿＿＿＿＿

E-mail：＿＿＿＿＿＿＿＿＿＿＿＿＿＿＿＿＿＿＿＿＿